지은이 이근철

'삶은 배우고, 성장하고, 나누는 게 전부이다!'라는 모토 아래, 영어 교육, 세계 문화와 역사, 자기 계발 영역에서 방송, 강연, 저술 활동을 통해 풍부한 콘텐츠를 쌓아왔다. EBS의 다양한 프로그램을 25년간 진행했고, 특히 KBS FM 〈이근철의 굿모닝팝스〉를 10년간 이끌었던 '국민 영어쌤'이기도 하다. 영어의 원리를 쉽고, 재미있게 풀어주는 책들을 포함해, 세계 문화와 역사를 다룬 《교양의 발견》, 자기계발서 《인생의 100가지 깨달음》과 같은 책의 저자이다. 더불어, 많은 셀럽들의 행복한 삶을 응원하는 멘토로도 활약 중이다.

사이트 jaketvschool.com
이메일 jaketvschool@naver.com

Masterpiece Sentences

일러두기

- 이 책에 소개된 고전들은 모두 저작권이 만료되어 퍼블릭 도메인에 속한 작품들입니다. 문학작품의 전체 원문은 www.gutenberg.org에서 자유롭게 이용하실 수 있습니다.

- 명언과 문학작품의 선정, 발췌, 한국어 번역은 저자가 위인들과 작가의 성향, 작품의 특성 그리고 문맥을 세심히 고려하여 모두 직접 작업하였습니다. 특히, '원문의 본래 의미를 독자들에게 정확히 전달해야 한다'는 원칙을 기준으로 번역했으니 참고하시기를 바랍니다.

고단한 오늘을
위로하고,
내일을
성장으로 이끄는

영어 명문장 필사 노트

이근철 지음

Prologue

나와 세상을 바꾸는
단 한 줄의 문장

만약 시간을 거슬러 10년 전으로 돌아갈 수 있다면 무엇을 바꾸고 싶으세요? 아니면 2회차 인생을 살게 된다면, 어떤 삶을 선택하시겠어요? 이런 상상을 해본 적이 있다면, 여러분은 이미 삶의 본질과 자신의 가능성에 대해 고민하고 있다는 뜻입니다. 하지만 중요한 건 과거로 돌아가는 것이 아니라, 지금 이 순간을 새로운 시각과 태도로 바라보는 것이죠. 마치 오늘이 10년 후에 다시 돌아온 그날인 것처럼요.

2천 년 전 고대 철학자들부터 현대의 명사와 작가들까지, 그들이 남긴 어록과 작품들은 일관되게 한 가지를 일깨워줍니다. 인류의 본질은 절대 변하지 않았다는 사실이죠. 100년 전에는 상상조차 할 수 없었던 기술과 정보가 넘쳐나는 지금도, 인간의 마음은 여전히 혼란과 깨달음 사이를 오가고 있습니다. 이 필사책은 단순히 '열심히 필사하며 좋은 글귀와 영어를 배우자'는 메시지를 전달하려는 것이 아닙니다. 그보다는 삶의 근본적인 본질을 이해하고, 그 안에 담긴 지혜를 통해 우리 자신에 대한 시각과 해석, 태도를 변화시키는 데 그 목적이 있습니다.

정치, 경제, 사회, 문화적 배경이나 권력과 상관없이, 삶에서 일어나는 사건들은 누구에게나 비슷하게 다가옵니다. 하지만 그것을 어떻게 받아들이고 해석하느냐에 따라 인생의 방향은 완전히 달라집니다. 이 책에 담긴 위인들의 명언 55가지와 세계적인 문학 작품 속 문장 45가지는 단순히 읽고 넘길 글귀가 아닙니다. 그것들은 삶을 통찰하고 새로운 길을 열어주는 열쇠입니다. 위인들과 작가들이 평생의 고민과 성찰 끝에 남긴 소중한 지혜의 결정체이죠! 이런 지혜로운 생각들은 우리로 하여금 본질에 집중하게 하고, 삶의 다양한 면을 새로운 관점으로 보도록 돕습니다.

이 책을 준비하며, 얼마나 많은 위대한 인물들이 같은 메시지를 반복해서 강조해왔는지 다시금 더 깊이 느낍니다. 역사 속 천재들과 위인들이 꾸준히 말했던 것 그리고 우리가 자주 놓치는 것은 바로 스스로 눈과 귀 그리고 마음을 열어 세상과 자신을 새롭게 바라보는 일입니다. 그리고 그 시작은 간단합니다. 손으로 글을 쓰는 '필사'입니다. 명언과 문학 작품을 필사하며, 단순히 글자를 옮겨 적는 행위를 넘어 위인들의 생각과 마음을 내 것으로 만들어보세요. 그러면 생각이 바뀌고 행동이 달라지며, 행동이 바뀌면 인생 또한 놀랍도록 변화할 것입니다.

이 책에 담긴 영어 명언과 문학 작품으로 영어 실력을 키우는 것도 물론 좋습니다. 하지만 그보다 중요한 것은, 위대한 이들이 남긴 생각과 깨달음을 통해 자신의 사고와 태도를 변화시키는 것입니다. 워런 버핏과의 점심 한 끼가 40억 원 가까이 경매되는 이유는 세계적인 투자자에게 영감을 받고 싶어서입니다. 게다가 이 금액이 공익에 쓰인다는 점도 한몫하죠. 이처럼 변화를 위한 영감은 강력한 힘을 가집니다.

상상해 보세요. 세계적인 작가와 위인들이 열정을 다해 언제든 여러분에게 조언해줄 수 있다면 어떨까요? 그보다 더 감동적이고 힘이 되는 일이 있을까요? 이 책은 그런 귀중한 조언의 모음입니다. 그리고 그들의 마음을 필사하다 보면 단순히 명사와 작가들의 말을 옮겨 적는 것이 아니라, 여러분 자신의 마음과 의지도 함께 써 내려가게 될 겁니다. 지금 바로, 그들의 지혜 속으로 들어가보세요. 여러분의 손끝에서 시작된 필사가, 결국 마음을 변화시키고 새로운 삶의 여정을 열어줄 것입니다.

때로 우연한 만남은 소중한 깨달음과 선한 에너지를 남깁니다. 그냥 스쳐 지나갈 수도 있었지만, 누군가의 정성과 성실함 그리고 솔직함 덕분에 이 책이 시작되었습니다. 처음 기획부터 좋은 피드백으로 책을 꼼꼼하고 멋지게 완성해주신 김은정 편집장님께 감사드립니다.

무엇보다도, 오랜 시간이 지나도 이렇게 설레며 가슴에 담을 수 있도록, 평생을 고민하고 풀어낸 정수의 말들을 남겨주신 작가와 위인들께 무한한 감사를 드립니다. 끝으로 배움과 성장, 나눔을 실천하며 묵묵히 더 건강한 사회를 만들어가고 계신 모든 분을 진심으로 응원합니다!

"Life is all about learning, growing, and sharing!"

삶은 배우고, 성장하고, 나누는 것이 전부이다!

늘 건강하고 행복 가득하세요~

Jake K. Lee
이 근철

Chapter 1
Will · Mindset · Courage
의지　　　마음가짐　　　용기

영어 필사의 놀라운 효과3 014

1　Anne Frank 안네 프랑크 016
2　Henry Ford 헨리 포드 018
3　Hermann Hesse 헤르만 헤세 020
4　Mahatma Gandhi 마하트마 간디 022
5　Viktor Frankl 빅터 프랭클 024
6　Alfred Adler 알프레드 아들러 026
7　Audrey Hepburn 오드리 헵번 028
8　Charles Dickens 찰스 디킨스 030
9　Coco Chanel 코코 샤넬 032
10　Walt Disney 월트 디즈니 034
11　Bill Gates 빌 게이츠 036
12　Stephen Hawking 스티븐 호킹 038
13　Helen Keller 헬렌 켈러 040
14　George Washington 조지 워싱턴 042
15　John F. Kennedy 존 에프 케네디 044
16　Maya Angelou 마야 앤절로 046
17　Marie Curie 마리 퀴리 048
18　Aristotles 아리스토텔레스 050
19　Martin Luther King Jr. 마틴 루서 킹 주니어 052
20　Pablo Picasso 파블로 피카소 056
21　Simon Bolivar 시몬 볼리바르 058
22　Florence Nightingale 플로렌스 나이팅게일 060
23　Fyodor Dostoevsky 표도르 도스토옙스키 062
24　George Eliot 조지 엘리엇 064
25　James Joyce 제임스 조이스 066
26　Charlotte Brontë 샬럿 브론테 068
27　Alexandre Dumas 알렉산드르 뒤마 070
28　Neil deGrasse Tyson
　　닐 드그래스 타이슨 072
29　William Wordsworth
　　윌리엄 워즈워스 074

Chapter 2
Happiness · Love · Hope
행복 　　　　　 사랑 　　　　　 희망

영어 원서 고르는 원칙3　080

- 30　Frida Kahlo　프리다 칼로　082
- 31　Dale Carnegie　데일 카네기　084
- 32　Arthur Schopenhauer
　　　아르투르 쇼펜하우어　086
- 33　Oprah Winfrey　오프라 윈프리　088
- 34　L. M. Montgomery　엘 엠 몽고메리　090
- 35　Albert Schweitzer　앨버트 슈바이처　092
- 36　Mother Teresa　테레사 수녀　094
- 37　Charlie Chaplin　찰리 채플린　096
- 38　Louisa May Alcott　루이자 메이 올컷　098
- 39　Pope Francis　프란치스코 교황　100
- 40　Hillary Clinton　힐러리 클린턴　102
- 41　Victor Hugo　빅토르 위고　104
- 42　Malcolm X　맬컴 엑스　106
- 43　Vincent Van Gogh　빈센트 반 고흐　108
- 44　Charles Darwin　찰스 다윈　110
- 45　E. M. Forster　이 엠 포스터　112
- 46　Albert Einstein　알베르트 아인슈타인　114
- 47　Mark Twain　마크 트웨인　116
- 48　Malala Yousafzai　말랄라 유사프자이　118
- 49　Jane Austen　제인 오스틴　120
- 50　Marcus Aurelius　마르쿠스 아우렐리우스　122
- 51　Mary Shelley　메리 셸리　124
- 52　Emily Brontë　에밀리 브론테　126
- 53　Walt Whitman　월트 휘트먼　128
- 54　Michelle Obama　미셸 오바마　130
- 55　James Matthew Barrie
　　　제임스 매튜 배리　132
- 56　Edgar Allan Poe　에드거 앨런 포우　136
- 57　Lyman Frank Baum
　　　라이먼 프랭크 바움　140
- 58　Henry David Thoreau
　　　헨리 데이비드 소로　144
- 59　F. Scott Fitzgerald
　　　에프 스콧 피츠제럴드　148

Chapter 3
Adversity · Perseverance · Overcoming
역경　　　　　인내　　　　　극복

고품격 어휘와 표현 익히기 154

- 60　Leo Tolstoy 레오 톨스토이 156
- 61　Sigmund Freud 지그문트 프로이트 158
- 62　Nathaniel Hawthorne
  너새니얼 호손 160
- 63　Abraham Lincoln 에이브러햄 링컨 162
- 64　Alain de Botton 알랭 드 보통 164
- 65　Robert Louis Stevenson
  로버트 루이스 스티븐슨 166
- 66　H.G. Wells 에이치 지 웰스 168
- 67　Virginia Woolf 버지니아 울프 172
- 68　Friedrich Nietzsche
  프리드리히 니체 174
- 69　Herman Melville 허먼 멜빌 176
- 70　Lewis Carroll 루이스 캐럴 178
- 71　Thomas Hardy 토마스 하디 180
- 72　T. S. Eliot 티 에스 엘리엇 182
- 73　William Butler Yeats
  윌리엄 버틀러 예이츠 184
- 74　Steven Pinker 스티븐 핑커 188
- 75　Henry James 헨리 제임스 190
- 76　Oscar Wilde 오스카 와일드 194
- 77　Franz Kafka 프란츠 카프카 198
- 78　Bram Stoker 브램 스토커 200

Chapter 4
Challenge · Action · Practice
도전　　　　　실천　　　　　연습

영어 명문장 활용법3　204

- 79　Franklin D. Roosevelt
　　프랭클린 디 루스벨트　206
- 80　Steve Jobs 스티브 잡스　208
- 81　Leonardo da Vinci
　　레오나르도 다 빈치　210
- 82　Carl Jung 칼 융　212
- 83　Rosa Parks 로사 파크스　214
- 84　Benjamin Franklin
　　벤저민 프랭클린　216
- 85　Nelson Mandela 넬슨 만델라　218
- 86　Miguel de Cervantes
　　미겔 데 세르반테스　220
- 87　Thomas Edison 토머스 에디슨　222
- 88　Winston Churchill 윈스턴 처칠　224
- 89　Warren Buffett 워런 버핏　226
- 90　Ray Dalio 레이 달리오　228
- 91　Barack Obama 버락 오바마　230
- 92　Jonathan Swift 조너선 스위프트　232
- 93　Richard Branson 리처드 브랜슨　234
- 94　Alphonse Daudet 알퐁스 도데　236
- 95　Bertrand Russell 버트런드 러셀　238
- 96　Aldous Huxley 올더스 헉슬리　240
- 97　Joseph Conrad 조셉 콘라드　242
- 98　Robert Frost 로버트 프로스트　246
- 99　Rabindranath Tagore
　　라빈드라나스 타고르　250
- 100　Ralph Waldo Emerson
　　랠프 월도 에머슨　252

부록

영문 필기체 연습 노트　256
알파벳 대문자·소문자 연습 노트　258
필기체 문장 연습 노트　260

*Whether you think you can,
or you think you can't
-you're right.*

Chapter
1

할 수 있다고 생각하든,

할 수 없다고 생각하든,

당신 생각이 맞다.

Will · Mindset · Courage

의지　　　　마음가짐　　　　용기

나에게 꼭 필요한
영어 필사의 놀라운 효과 3

필사를 통해 얻게 되는 다양한 효과는 생각보다 큽니다.
쓰기만 해도 문해력, 어휘력이 좋아지며 좋은 문장을 통해 사고력까지 키우는
영어 필사를 시작해보세요.

1 / 문해력·인지능력·정서적 안정을 얻는다

필사는 글을 베껴 쓰며 표현력과 어휘력을 향상시키는 강력한 학습법입니다. 또한 손으로 글을 쓰면서 머리로 생각하는 행위로 여러 인지 감각이 동시에 처리되면서 기억력과 집중력을 높이고, 정서적 안정감까지 주어 스트레스 해소에도 효과적입니다.

2 / 뛰어난 어학 공부 효과를 얻는다

필사는 외국어 학습에도 뛰어난 효과를 발휘합니다. 단어와 표현을 깊이 익히고, 자연스러운 문장 구조와 문법을 체득하며, 영어의 핵심을 이해하도록 돕죠.

① 단어와 다의어 학습

필사는 필수 단어와 다양한 뜻을 가진 다의어를 자연스럽게 익히게 하는데요. 아래 단어와 같이 기본 뜻이 아닌 전혀 다르게 쓰이는 뜻을 알 수 있습니다.

> but 제외하고, work 효과가 있다, interest 이자,
> little 거의 ~않다, gift 재능, very 바로 그

② 유용한 표현 학습

명사와 작가들이 즐겨 쓰는 유용한 표현을 배울 수 있는데요. 월트 디즈니가 'go places'라는 중의적인 표현을 왜 썼는지 알게 되면 그 표현을 절대 잊을 수 없겠죠.

> stand for 생각·의견을 지지하다, go places 여러 곳을 가다 -> 출세하다

③ 구문과 문법 이해

영어 문법과 구문을 효과적으로 익힐 수 있는데요. 다음은 모두 이 책에 등장하는 표현들이며, 각종 시험에서도 자주 보이는 구문일 정도로 활용도가 높은 표현입니다.

> the more ~ the more ~하면 더 ~하다, owe A to B A는 B의 덕분이다,
> instead of ~대신에, in spite of ~에도 불구하고, as long as ~하는 한,
> the + 형용사 ~하는 사람들, the moment ~하자마자

3 글쓰기 능력을 키운다

문학 작품을 필사하는 경험은 작가의 글쓰기 방식을 깊이 이해하도록 돕습니다. 허먼 멜빌, 서머싯 모엄, 신경숙, 정호승, 안도현 같은 유명 작가들 역시 필사를 통해 글쓰기 능력을 키우고 자신만의 세계를 구축했습니다. 필사의 가장 큰 장점은 타인의 생각을 천천히 음미하며 나의 생각하는 힘을 키운다는 점입니다. 유머, 중의성, 함축적 의미, 열정, 영감을 느끼고 배우다 보면, 자연스럽게 나만의 방식으로 나의 글을 쓰고 싶은 열망이 생깁니다. 이는 결국 창의적 사고와 성장을 이끌며 글쓰기를 생활의 일부분으로 만들어줍니다. 다만 필사는 단순히 글을 베끼는 것이 아니라, 의식적으로 천천히 몰입하는 연습을 반복해야 좋은 효과를 얻을 수 있다는 것이 가장 중요합니다.

Anne Frank

People can tell you to keep your mouth shut,
but that doesn't stop you from having your own opinion.
I can shake off everything as I write;
my sorrows disappear, my courage is reborn.
I don't think of all the misery,
but of the beauty that still remains.
No one has ever become poor by giving.

◆◆◆

안네 프랑크
인권의 소중함을 알린 희망과 긍정의 아이콘

사람들이 당신에게 입 다물라고 말할 수는 있지만,
당신이 의견을 갖지 못하게 막을 수는 없다.
나는 글을 쓸 때 모든 것을 떨쳐버릴 수 있다. 내 슬픔은 사라지고, 용기는 다시 태어난다.
온갖 비참함에 대해 생각하지 않고, 여전히 남아 있는 아름다움에 대해 생각한다.
그 누구도 베풀어서 가난해진 경우는 없다.

opinion 몡 의견	채광, 통풍, 소음도 허용되지 않는 작은 공간! 나치의 학살을 피해 숨죽이며 지내던 2년이 지난 후 그녀는 열다섯 살에 수용소에서 소천했지만, 그 어떤 억압, 비참함, 슬픔도 그녀의 글이 영원한 희망의 메시지가 되는 걸 막지는 못했죠. 결국 용기와 긍정은 인류에게 아름다움, 자유의 소중함, 재탄생이라는 커다란 부를 남기는 것은 아닐까요?
shake off 숙 떨쳐버리다	
courage 몡 용기	
misery 몡 비참함	
remain 동 그대로 남다	

Today's Lines
♦♦♦

People can tell you to keep your mouth shut, but that doesn't stop you from having your own opinion. I can shake off everything as I write;
my sorrows disappear, my courage is reborn.
I don't think of all the misery,
but of the beauty that still remains.
No one has ever become poor by giving.

Henry Ford

Whether you think you can, or you think you can't-you're right.
Coming together is a beginning; keeping together is progress;
working together is success. Failure is simply the opportunity
to begin again, this time more intelligently.
Don't find fault, find a remedy.

◆◆◆

헨리 포드
포드 자동차 설립자, 행동 철학자

할 수 있다고 생각하든, 할 수 없다고 생각하든 당신 생각이 맞다.
함께 모이는 것은 시작이고, 함께 지속하는 것은 진전이고, 함께 일하는 것은 성공이다.
실패는 그저 더 총명하게 다시 시작할 기회일 뿐이다.
잘못을 찾지 말고, 해결책을 찾아라.

---

whether A or B [숙] A이든 B이든
keep together [동] 함께 지속하다
failure [명] 실패
opportunity [명] 기회
remedy [명] 해결책, 치료제

마음가짐이 결국 결과를 냅니다. 그리고 이는 함께 일을 할 때도 마찬가지이죠. 세계적인 CEO들이 기업 철학을 강조하는 이유일 겁니다. 더불어 실패를 최종 결과로 받아들이면 거기가 끝이죠. 하지만 다시 시작할 소중한 기회라 생각하면, 잘못이 아니라 해결책을 찾는 것이 더 큰 기쁨이 된다는 것을 깨닫게 됩니다.

Today's Lines

Whether you think you can, or you think you can't-you're right.
Coming together is a beginning, keeping together is progress, working together is success. Failure is simply the opportunity to begin again, this time more intelligently. Don't find fault, find a remedy.

Hermann Hesse

Wisdom cannot be passed on. Wisdom which a wise man tries to pass on to someone always sounds like foolishness. Knowledge can be conveyed, but not wisdom. It can be found, it can be lived, it is possible to be carried by it, miracles can be performed with it, but it cannot be expressed in words and taught.

《Siddhartha》

◆◆◆

헤르만 헤세
괴테상을 받은 독일 소설가, 시인, 노벨문학상 수상자

지혜는 물려줄 수 없다. 현자가 누군가에게 전달하려는 지혜는 항상 어리석게 들린다. 지식은 전달할 수 있지만, 지혜는 그렇지 않다. 지혜는 발견할 수 있고, 지혜대로 살아갈 수 있으며, 지혜로 인도받을 수도 있고, 지혜로 기적까지 일으킬 수 있다. 그러나 지혜는 말로 표현하거나 가르칠 수 없다.

《싯다르타》 중에서

---

pass on 〔숙〕 물려주다, 전파하다
sound like 〔숙〕 ~처럼 들리다
foolishness 〔명〕 어리석음, 무모함
convey 〔동〕 수송하다
carry 〔동〕 나르다
perform 〔동〕 실행하다

방황하는 청춘에 대한 이야기 《데미안》, 《수레바퀴 아래서》 등을 발표하며 명성을 얻은 헤세는 동양 철학과 서양 문학을 결합하며, 인간의 정신적 여정을 다룬 《싯다르타》를 통해 삶의 본질과 조화로운 존재의 의미를 철학적으로 이야기하고 있습니다.

Today's Lines
◆◆◆

Wisdom cannot be passed on. Wisdom which a wise man tries to pass on to someone always sounds like foolishness. Knowledge can be conveyed, but not wisdom. It can be found, it can be lived, it is possible to be carried by it, miracles can be performed with it, but it cannot be expressed in words and taught.

Mahatma Gandhi

Strength does not come from physical capacity.
It comes from an indomitable will.
Live as if you were to die tomorrow.
Learn as if you were to live forever.
The best way to find yourself is to lose yourself
in the service of others.
Be the change that you wish to see in the world.

❖❖❖

마하트마 간디
인도 독립의 아버지, 인권 변호사

힘은 육체적 능력에서 나오는 것이 아니다. 그것은 불굴의 의지에서 나온다.
마치 내일 죽을 것처럼 살고, 영원히 살 것처럼 배워라.
자신을 찾는 가장 좋은 방법은 다른 사람을 위해 봉사하며 스스로를 내려놓는 것이다.
당신이 직접 세상에서 보고 싶은 변화가 되어라.

strength 명 힘
capacity 명 능력
indomitable 형 불굴의
as if 숙 마치 ~처럼
lose oneself 숙 스스로를 잃다

왜소한 체구의 간디가 인도 독립의 아버지가 된 것은, 바로 그의 불굴의 의지 때문입니다. 내일 죽을 것처럼 최선을 다하고, 나이에 관계없이 배우고 성장하며, 봉사할 때 바로 세상을 바꿀 수 있다고 믿었기 때문이죠. 그가 20년 넘게 남아공에서 인권변호사로 일궈낸 사회적 변화가, 결국 나중에 인도 독립의 소중한 초석이 되었고요.

Today's Lines
◆◆◆

Strength does not come from
physical capacity.
It comes from an indomitable will.
Live as if you were to die tomorrow.
Learn as if you were to live forever.
The best way to find yourself is to lose
yourself in the service of others.
Be the change that you wish to see
in the world.

Viktor Frankl

Life is never made unbearable by circumstances,
but only by lack of meaning and purpose.
Everything can be taken from a man but one thing:
the last of the human freedoms-to choose one's attitude
in any given set of circumstances, to choose one's own way.

◆◆◆

빅터 프랭클
사상가, 나치 포로수용소에서 살아남은 정신과 의사

삶은 결코 환경에 의해 견딜 수 없게 되는 게 아니라, 오직 의미와 목적이 사라졌을 때 견딜 수 없게 된다. 인간에게서 모든 것을 빼앗아 갈 수 있어도 단 한 가지는 아니다. 그 어떤 상황에서도 나의 태도를 결정하고, 나만의 방식을 선택할 자유만은 마지막까지 남는다.

| unbearable [형] 견딜 수 없는
| circumstance [명] 환경
| by lack of [숙] ~의 결핍으로
| purpose [명] 목적
| attitude [명] 태도

존재의 의미와 목적이 불분명할 때, 인간은 나태, 변명, 두려움, 미룸을 반복합니다. 프랭클이 나치의 참혹한 포로수용소에서 살아남을 수 있었던 것은, 결코 우연이 아닌 느낌과 태도마저도 스스로 선택하겠다는 의지 때문이겠죠. 어떤 상황에서, 변명과 불평을 선택하든, 의미와 목적을 선택하든 결국 그건 내 결정의 결과일 뿐입니다.

Today's Lines
♦♦♦

Life is never made unbearable by circumstances, but only by lack of meaning and purpose. Everything can be taken from a man but one thing: the last of the human freedoms—to choose one's attitude in any given set of circumstances, to choose one's own way.

Alfred Adler

Overcoming difficulties leads to courage,
self-respect, and knowing yourself.
It is well known that those who do not trust themselves
never trust others.
The chief danger in life is that you may take too many
precautions.
Every pampered child becomes a hated child.
There is no greater evil than the pampering of children.

◆◆◆

알프레드 아들러
심리학자, 개인심리학 창시자

어려움을 극복하는 길은 용기와 자기 존중 그리고 자신을 아는 것으로 이어진다.
자신을 믿지 않는 사람은 결코 다른 사람도 믿지 않는다는 건 잘 알려져 있다.
인생에서 가장 큰 위험은 당신이 지나치게 많이 조심하려 한다는 것이다.
응석받이 아이는 모두 미움받는 아이가 된다.
아이들을 응석받이로 만드는 것보다 더 큰 악은 없다.

| overcome 동 극복하다
| lead to 숙 ~로 이끌다
| self-respect 명 자기 존중
| chief 형 주요한
| precaution 명 조심, 예방책
| pamper 동 응석을 받아주다
| hated 형 미움받는

알프레드 아들러는 병약하고 어려운 유년기를 보냈지만, 이를 좌절 대신 인간의 내면적 힘과 사회적 연결을 연구하는 계기로 삼았습니다. '삶의 목적은 세상에 기여하는 것'이라는 철학으로 심리학에 큰 영향을 미쳤고요. 그는 또한 "인생에서 가장 큰 위험은, 지나치게 많이 조심하려 한다는 것"이라며, 삶의 도전에 두려움 없이 맞서야 힘을 강조했습니다.

Today's Lines

♦♦♦

Overcoming difficulties leads to courage, self-respect, and knowing yourself. It is well known that those who do not trust themselves never trust others. The chief danger in life is that you may take too many precautions. Every pampered child becomes a hated child. There is no greater evil than the pampering of children.

Audrey Hepburn

Nothing is impossible. The word itself says I'm possible!
As you grow older, you will discover that you have two hands,
one for helping yourself, the other for helping others.
Elegance is the only beauty that never fades.
To plant a garden is to believe in tomorrow.

◆◆◆

오드리 헵번
세계적인 영화배우, 인도주의자, 인권 운동가

불가능한 것은 없다. 그 단어 자체가 "나는 가능해I'm possible"라고 말하고 있다!
나이가 들면서 우리의 두 손이, 하나는 자신을 돕기 위한 것이고 다른 하나는 타인을 돕기 위한 것임을 알게 될 것이다.
우아함은 유일하게 바래지 않는 아름다움이다.
정원을 가꾸는 것은 내일을 믿는 것이다.

| impossible 형 불가능한 |
| discover 동 발견하다, 알게 되다 |
| elegance 명 우아함 |
| fade 동 희미해지다, 바래다 |
| plant 동 심다, 가꾸다 |

경험은 삶을 바꾸는 강력한 힘이죠. 나치 점령하에서 영양실조와 병으로 생사를 넘나들던 그녀는 발레로 기금을 마련하고, 비밀 메시지를 전달하면서 나치에 대한 저항 운동에 힘을 보탰습니다. 이런 소중한 경험이 세계적인 스타를 기아에 허덕이는 아이들을 위해 헌신하게 한 힘일 겁니다. 그리고 그것이 결코 바래지지 않는 그녀의 우아함은 아닐까 합니다.

Today's Lines
◆◆◆

Nothing is impossible.
The word itself says I'm possible!
As you grow older, you will discover
 that you have two hands, one for helping
yourself, the other for helping others.
Elegance is the only beauty that never
fades. To plant a garden is to believe
in tomorrow.

Charles Dickens

It was the best of times, it was the worst of times,
it was the age of wisdom, it was the age of foolishness,
it was the epoch of belief, it was the epoch of incredulity,
it was the season of light, it was the season of darkness,
it was the spring of hope, it was the winter of despair,
we had everything before us, we had nothing before us.

《A Tale of Two Cities》

◆◆◆

찰스 디킨스
19세기 영국 문학의 대표 작가

최고의 시대이기도 하고, 최악의 시대이기도 했다. 지혜의 시절이자 어리석음의 시절이었고, 믿음의 시기이자 불신의 시기였다. 빛의 계절이자 어둠의 계절이었으며, 희망의 봄이자 절망의 겨울이었다. 우리는 앞으로 펼쳐질 모든 것을 가지고 있기도, 또한 우리는 아무것도 가진 게 없기도 했다.

《두 도시 이야기》 중에서

---

foolishness 명 어리석음
epoch 명 시기, 서대
incredulity 명 불신
darkness 명 어둠
despair 명 절망
before us 숙 우리 앞에(시간, 공간)

찰스 디킨스는 산업혁명과 도시화로 인한 사회적 불평등, 빈곤 속 인간애를 그린 19세기 영국의 대표 작가입니다. 주요 작품으로 《올리버 트위스트》와 《두 도시 이야기》가 있습니다. 그중 《두 도시 이야기》는 프랑스 혁명의 혼란 속에 파리와 런던을 배경으로 사랑과 희생, 정의와 복수를 다룬 소설입니다.

Today's Lines
◆◆◆

It was the best of times, it was the worst of times, it was the age of wisdom, it was the age of foolishness, it was the epoch of belief, it was the epoch of incredulity, it was the season of light, it was the season of darkness, it was the spring of hope, it was the winter of despair, we had everything before us, we had nothing before us.

Coco Chanel

Beauty begins the moment you decide to be yourself.
It's not the appearance; it's the essence.
It's not the money; it's the education.
It's not the clothes; it's the class.
You can be gorgeous at thirty, charming at forty,
and irresistible for the rest of your life.
Simplicity is the keynote of all true elegance.

◆◆◆

코코 샤넬
패션 디자이너, 샤넬 창업자

아름다움은 당신이 자기 자신이 되기로 결심하는 순간에 시작된다.
겉모습이 아니라 본질, 돈이 아니라 교육, 옷이 아니라 품격이다.
당신은 서른 살에 매혹적인, 마흔 살에 매력적인, 남은 일생 동안
거부할 수 없는 멋진 사람이 될 수 있다.
단순함은 모든 진정한 우아함의 바탕이 된다.

be yourself 〔숙〕 스스로가 되라
appearance 〔명〕 외모
essence 〔명〕 본질, 정수
class 〔명〕 계층, 품격
gorgeous 〔형〕 매혹적인
irresistible 〔형〕 저항할 수 없는
simplicity 〔명〕 단순함

코코 샤넬은 열두 살에 고아원에서 배운 바느질로 어머니의 죽음과 가난을 절망이 아닌 희망으로 바꿨습니다. 자신을 있는 그대로 받아들인 그녀의 용기는 삶과 디자인에서 모두 그녀를 특별하게 만들었죠. 당시 화려하고 불편했던 의복을 뒤엎고, 단순함으로 여성들에게 자유와 우아함을 선사했으니까요. 본질과 교육, 품격을 믿었던 그녀는 패션 역사를 새로 썼습니다.

Today's Lines

♦♦♦

Beauty begins the moment you decide
to be yourself.
It's not the appearance, it's the essence.
It's not the money, it's the education.
It's not the clothes, it's the class.
You can be gorgeous at thirty,
charming at forty,
and irresistible for the rest of your life.
Simplicity is the keynote of
all true elegance.

Walt Disney

Believe in your dreams, no matter how impossible they seem.
The four Cs of making dreams come true
Curiosity, Courage, Consistency, Confidence.
Life is beautiful. It's about giving. It's about family.
Whatever we accomplish is due to the combined effort.
The more that you read, the more things you will know.
The more that you learn, the more places you'll go.

◆◆◆

월트 디즈니
디즈니 창업자, 애니메이션 제작자

꿈을 믿어라, 아무리 불가능해 보인다 해도.
꿈을 현실로 만드는 네 가지 C가 있다. 호기심^{Curiosity}, 용기^{Courage}, 일관성^{Consistency}, 자신감^{Confidence}.
인생은 아름답다. 베풀기에 관한 것이 삶이다. 가족에 대한 것이 삶이다.
우리가 무엇을 성취하든 그것은 모두 공동의 노력 덕분이다.
당신이 더 많이 읽을수록, 더 많은 것을 알게 될 것이다.
더 많이 배울수록, 더 많은 곳을 가게 될 것이다.

- **no matter how** [숙] 아무리 ~하더라도
- **consistency** [명] 일관성
- **accomplish** [동] 성취하다
- **due to** [숙] ~ 때문인
- **effort** [명] 노력
- **the more ~ the more~** [숙] ~하면 할수록, 더 ~하다
- **go places** [숙] 여러 곳을 가다, 출세하다 (배움이 여러 곳을 가보게 하고, 결국 성공하게 한다는 중의적 표현)

디즈니는 어린 시절의 빈곤과 사업 실패를 겪으며 꿈을 키웠고, '모든 어려움은 숨겨진 기회'라는 믿음으로 미키 마우스를 탄생시켰습니다. 결국 디즈니 스튜디오를 세계적인 애니메이션 왕국으로 성장시켰죠. 또한 디즈니랜드와 디즈니월드를 통해, 상상 속 세계를 현실로 만든 그의 열정은 도전과 창의성의 진정한 가치를 보여줍니다.

Today's Lines
♦♦♦

Believe in your dreams,
no matter how impossible they seem.
The four Cs of making dreams come true
Curiosity, Courage, Consistency,
Confidence. Life is beautiful.
It's about giving. It's about family
Whatever we accomplish is due to
the combined effort.
The more that you read, the more things
you will know. The more that you learn,
the more places you'll go.

Bill Gates

If you are born poor, it's not your mistake.
But if you die poor, it's your mistake.
I am not in competition with anyone but myself.
My goal is to improve myself continuously.
We get comfort from those who agree with us,
but we get growth from only those who don't agree with us.

◆◆◆

빌 게이츠
마이크로소프트 창업자, 자선사업가

가난하게 태어나는 건 당신 잘못이 아니다. 하지만 가난하게 죽는 건 당신 잘못이다.
나는 나 자신을 제외하고, 그 누구와도 경쟁하지 않는다.
나의 목표는 나 자신을 계속해서 향상시키는 것이다.
우리는 우리에게 동의하는 사람들로부터 위안을 얻지만,
성장은 우리에게 동의하지 않는 사람들에게서만 얻게 된다.

---

be born 동 태어나다
comparison 명 비교
but 동 제외하고
improve 동 개선하다
continuously 부 계속해서
comfort 명 위안, 위로
those who 숙 ~하는 사람들
agree with 숙 ~에 동의하다

우리는 태어나고 자란 환경의 영향을 받지만, 성인이 된 후엔 무엇을 읽고 누구를 만나며 시간을 어떻게 쓸지를 선택할 수 있습니다. 우리는 듣고 싶은 말만 골라 듣지 않고 생각이 열릴 때 주도적인 성장을 합니다. 빌 게이츠도 열린 사고로 자신과 경쟁하며 하버드 중퇴를 두려워하지 않았고, 여전히 '생각 주간'에 몰두하며 성장을 이어가고 있습니다.

Today's Lines

♦♦♦

If you are born poor,
it's not your mistake.
But if you die poor, it's your mistake.
I am not in competition with anyone
but myself. My goal is to improve
myself continuously.
We get comfort from those who agree
with us, but we get growth from only
those who don't agree with us.

Stephen Hawking

However difficult life may seem,
there is always something you can do and succeed at.
We are very, very small,
but we are profoundly capable of very, very big things.
It is all right to make mistakes; nothing is perfect,
because with perfection, we would not exist.

◆◆◆

스티븐 호킹
이론물리학자, 우주론 연구자

인생이 아무리 어려워 보일지라도, 항상 당신이 할 수 있고 성공할 수 있는 일이 있다.
우리는 정말, 정말 작은 존재지만 아주아주 큰일을 할 수 있는 심오한 능력이 있다.
완벽한 것은 아무것도 없기 때문에 실수하는 것도 괜찮다.
완벽함을 들이댄다면 우리는 존재하지 않을 것이다.

---

however 튀 아무리 ~하더라도	인간은 완벽을 추구하지만, 본질적으로 실수를 통해 배우는
succeed at 숙 ~에서 성공하다	모순된 존재입니다. 그래서 실수를 두려워하지 않고 받아들
profoundly 튀 심오하게, 깊게	일 때 더 성장하고 목표에 가까워지죠. 스물한 살에 루게릭병
capable 형 능력이 있는	진단으로 단 2년의 삶을 선고받았던 스티븐 호킹은 절망 대
make mistakes 숙 실수하다	신 '할 수 있는 것에 집중하라'는 태도로 세상에 영감을 주며,
perfection 명 완벽함	자신의 한계를 초월한 위대한 업적을 남겼습니다.
exist 동 존재하다	

Today's Lines

♦♦♦

However difficult life may seem,
there is always something you can do
and succeed at.
We are very, very small,
but we are profoundly capable of very,
very big things.
It is all right to make mistakes;
nothing is perfect, because with perfection,
we would not exist.

Helen Keller

We could never learn to be brave and patient
if there were only joy in the world.
Optimism is the faith that leads to achievement.
Nothing can be done without hope and confidence.
Alone we can do so little; together we can do so much.

❖❖❖
헬렌 켈러
장애를 이겨낸 기적의 아이콘, 작가, 사회 운동가

이 세상에 기쁨만 있다면, 우리는 결코 용기와 인내를 배울 수 없을 것이다.
긍정적인 믿음이 우리를 성공으로 이끈다.
희망과 자신감 없이는 아무것도 이룰 수 없다.
혼자 할 수 있는 일은 적지만, 함께라면 훨씬 많은 것을 이룰 수 있다.

| brave 〔형〕 용감한
| patient 〔형〕 참을성 있는
| optimism 〔명〕 낙관, 긍정
| achievement 〔명〕 성취
| confidence 〔명〕 자신감

두 살에 시각과 청력을 잃은 헬렌 켈러는 하버드대학 입학, 저술, 강연 등등, 희망과 용기로 장애를 극복해 영감의 아이콘이 되었죠. 그리고 그 모든 것은, 평생 헌신하며 헬렌 곁에서 함께한 앤 설리번 선생님이 있었기에 가능했고요. 누구든 함께하기를 두려워하지 않으면, 정말 많은 것을 이룰 수 있습니다.

Today's Lines

♦♦♦

We could never learn to be brave and patient if there were only joy in the world. Optimism is the faith that leads to achievement. Nothing can be done without hope and confidence.
Alone we can do so little,
together we can do so much.

George Washington

You have only one way to convince others: listen to them.
When there is no vision, there is no hope.
We cannot guarantee success, we can strive to deserve it.
Perseverance and spirit have done wonders in all ages.
Worry is the interest paid by those who borrow trouble.

◆◆◆

조지 워싱턴
초대 미국 대통령, 미국 독립의 아버지

당신에겐 다른 이들을 납득시킬 유일한 방법이 있다.
그들의 말에 귀를 기울여라. 비전이 없으면 희망도 없다.
우리가 성공을 보장할 수는 없다.
우리가 성공을 얻을 자격이 되도록 분투할 수 있을 뿐이다.
인내와 굳은 의지는 모든 시대에 걸쳐 기적을 일으켰다.
걱정은 문제를 빌려오는 사람들이 치르는 이자다.

| listen to 〔숙〕 ~에 귀를 기울이다
| strive 〔동〕 힘들게 노력하다
| deserve 〔동〕 ~할 자격이 있다
| perseverance 〔명〕 인내
| wonder 〔명〕 기적
| interest 〔명〕 이자

사람은 감정 때문에 틀렸음을 알면서도 고집을 피우곤 합니다. 이럴 땐 상대의 감정을 보듬고 공감하는 것이 중요하죠. 성공도 마찬가지입니다. 노력의 가치를 중시하면 결과는 자연스럽게 따릅니다. 결국 인생의 핵심은 불필요한 걱정을 줄이고, 인내와 실행으로 묵묵히 나아가는 것이죠. 조지 워싱턴도 공감과 결단으로 미국 독립을 이끌며 초대 대통령이 되었습니다.

Today's Lines

❖❖❖

You have only one way to convince others: listen to them. When there is no vision, there is no hope.
We cannot guarantee success, we can strive to deserve it.
Perseverance and spirit have done wonders in all ages. Worry is the interest paid by those who borrow trouble.

John F. Kennedy

Ask not that the journey be easy;
ask instead that it be worth it.
Effort and courage are not enough
without purpose and direction.
Mankind must put an end to war
before war puts an end to mankind.
Let us talk to one another instead of about one another.

◆◆◆

존 에프 케네디
제35대 미국 대통령

여정이 쉽기를 바라지 말고, 대신 그것이 가치 있기를 바라라.
노력과 용기만으로는 충분하지 않고, 목적과 방향성이 있어야 한다.
전쟁이 인류를 끝내기 전에, 인류가 전쟁을 끝내야만 한다.
서로에 대해 말하는 대신 서로서로 직접 대화를 하자.

worth 〔형〕 가치 있는
effort 〔명〕 노력
courage 〔명〕 용기
purpose 〔명〕 목적
direction 〔명〕 방향성
put an end to 〔숙〕 ~을 끝장내다
talk to one another 〔숙〕 서로에게 말하다

무언가를 쉽게 얻고자 하는 것은 인간의 본능이지만, 내면의 성장이 없는 성공은 순식간에 무너질 수 있습니다. 그래서 목적과 방향성이 있는 노력이 중요하죠. 케네디는 역사적 전환점에서 이러한 가치를 강조하며 새로운 국면을 열었습니다. 여러분, 가치와 목적을 생각하며 하는 독서와 필사는 나의 삶을 극적으로 변화시킵니다.

Today's Lines

Ask not that the journey be easy,
ask instead that it be worth it.
Effort and courage are not enough
without purpose and direction.
Mankind must put an end to war
before war puts an end to mankind.
Let us talk to one another instead of about
one another.

Maya Angelou

I've learned that people will forget what you said,
people will forget what you did,
but people will never forget how you made them feel.
You may shoot me with your words,
you may cut me with your eyes,
you may kill me with your hatefulness,
but still, like air, I'll rise!
Success is liking yourself, liking what you do,
and liking how you do it.

◆◆◆

마야 앤절로
시인, 작가, 인권 운동가

사람들은 당신이 한 말을, 당신이 한 일을 잊어버릴 테지만
그들에게 어떤 느낌을 주었는지는 결코 잊지 않는다는 걸, 나는 알게 되었다.
나를 당신의 말로 쏠 수도, 당신의 눈으로 자를 수도, 당신의 증오로 죽일 수도 있다.
하지만 그래도 나는 공기처럼 솟아오를 것이다!
성공이란 자신을 좋아하고, 자신이 하는 일을 좋아하며,
자신이 그 일을 해내는 방식을 좋아하는 것이다.

| forget 통 잊다 |
| shoot 통 쏘다 |
| hatefulness 명 증오 |
| rise 통 오르다 |
| what you do 숙 당신이 하는 일 |

우리의 두뇌는 생존을 우선시하여 감정을 동반한 경험을 오래 기억합니다. 마야 앤절로는 어린 시절의 고통을 딛고 글과 연설로 인종차별과 성차별에 맞서 싸우며 많은 사람에게 희망과 영감을 주었습니다. 그녀의 말처럼, 성공은 자신을 사랑하고 타인에게 긍정적인 영향을 주는 데서 시작됩니다. 나는 오늘 누구에게 영감을 주었나요?

Today's Lines

I've learned that people will forget what you said, people will forget what you did, but people will never forget how you made them feel.
You may shoot me with your words, you may cut me with your eyes, you may kill me with your hatefulness, but still, like air, I'll rise!
Success is liking yourself, liking what you do, and liking how you do it

Marie Curie

Nothing in life is to be feared; it is only to be understood.
Now is the time to understand more, so that we may fear less.
Life is not easy for any of us.
If it takes a hundred years, it will be a pity,
but I will not cease to work for it as long as I live.

◆◆◆
마리 퀴리
과학자, 여성 최초 노벨물리학상·노벨화학상 수상자

인생에서 두려워할 것은 아무것도 없다. 오직 이해해야 하는 것일 뿐.
지금이 바로 더 많이 이해할 때고, 그러면 우리는 덜 두려워질 것이다.
삶은 우리들 그 누구에게도 쉽지는 않다.
만일 그것이 백 년이 걸린다면 유감일 테지만,
나는 살아 있는 한 그것을 위해 하던 일을 멈추지 않을 것이다.

fear 图 두려워하다	
so that 图 그래서 ~하도록	
less 图 덜, 더 적은	
pity 图 유감, 동정	
cease 图 멈추다	
as long as 图 ~하는 한	

원시시대나 지금이나 그 누구에게도 문제는 매일 생깁니다. 사실 가장 큰 두려움은 오히려 문제를 모를 때 찾아오죠. 그래서 문제를 이해하고 실체를 파악하는 것이 중요합니다. 마리 퀴리는 방사능 연구로 두 차례 노벨상을 수상하며 이를 증명했습니다. 막연한 두려움의 실체를 드러내는 연습을 하면, 두려움은 신기하게도 나를 성장시키는 조력자가 됩니다.

Today's Lines
◆◆◆

Nothing in life is to be feared,
it is only to be understood.
Now is the time to understand more,
so that we may fear less
Life is not easy for any of us.
If it takes a hundred years,
it will be a pity, but I will not cease
to work for it as long as I live.

Aristotles

Life is only meaningful when we are striving for a goal.
Courage is the first virtue that makes all other virtues possible.
Excellence is never an accident. It is always the result of
high intention, sincere effort, and intelligent execution.
Choice, not chance, determines your destiny.

◆◆◆

아리스토텔레스
서양 철학의 아버지

삶은 우리가 목표를 향해 노력할 때만 의미가 있다.
용기는 모든 다른 미덕을 가능하게 만드는 첫 번째 미덕이다.
탁월함은 결코 우연이 아니다. 그것은 항상 고귀한 의도, 성실한 노력 그리고 지적인 실행의 결과다.
운이 아니라 선택이 당신의 운명을 결정한다.

---

meaningful [형] 의미 있는
strive for [숙] ~을 위해 애쓰다
virtue [명] 미덕
excellence [명] 탁월함, 뛰어남
intention [명] 의도
sincere [형] 성실한
execution [명] 실행
determine [동] 결정하다

목표가 100일 때 90% 달성, 200일 때 50% 달성, 어느 쪽을 원하세요? 목표 달성이 힘들다면, 그 목표가 너무 작은 건 아닌지 돌아보세요. 나만을 위한 목표보다, 사회나 인류를 위한 큰 목표가 우리를 몰입하게 하고 성장하게 합니다. 중요한 건 용기를 내어 시작하는 것이죠. 시작하면 경험, 담대함과 탁월함이 쌓여 결국 인생을 바꿉니다.

Today's Lines
◆◆◆

Life is only meaningful
when we are striving for a goal.
Courage is the first virtue that makes
all other virtues possible.
Excellence is never an accident.
It is always the result of high intention,
sincere effort, and intelligent execution.
Choice, not chance, determines
your destiny.

Martin Luther King Jr.

If you can't fly then run, if you can't run then walk,
if you can't walk then crawl,
but whatever you do, you have to keep moving forward.
Let's build bridges, not walls!
A productive and happy life is not something you find;
it is something you make.
I have a dream that my four little children
will one day live in a nation
where they will not be judged by the color of their skin,
but by the content of their character.

crawl 동 기다
whatever 대 무엇이든
forward 부 앞으로
productive 형 생산적인
judge 동 판단하다
content 명 내용물
character 명 성격

Today's Lines

마틴 루서 킹 주니어
흑인 인권 운동가

날지 못하면 뛰고, 뛰지 못하면 걷고, 걷지 못하면 기어가라.
무엇을 하든 당신은 계속 앞으로 나아가야 한다.
함께 다리를 놓자. 벽을 쌓지 말고!
건설적이고 행복한 삶은 찾는 게 아니라 당신이 만드는 것이다.
나에겐 꿈이 있다. 언젠가 나의 네 명의 아이들이 피부색이 아니라
그들의 인성으로 평가받는 나라에 살게 되는 꿈이다.

세계적인 위인들은 원래 뛰어난 인물이라고 생각하기 쉽습니다. 하지만 마틴 루서 킹은 사실 자신감이 부족하고 연설을 두려워하는 평범한 사람이었죠. 단지 인권 운동가로서 멈추지 않고 꾸준하게 성장했기에, "나에게는 꿈이 있습니다"와 같은 연설로 사람들에게 엄청난 영감을 주게 된 것입니다. 무엇을 이룰 기회는 꾸준함이 쌓이는 결과입니다.

If you can't fly then run,
if you can't run then walk,
if you can't walk then crawl,
but whatever you do,
you have to keep moving forward.
Let's build bridges, not walls!
A productive and happy life is not
something you find,
it is something you make.
I have a dream that my four little children
will one day live in a nation
where they will not be judged
by the color of their skin,
but by the content of their character.

Pablo Picasso

The meaning of life is to find your gift.
The purpose of life is to give it away.
Art is not truth; art is the lie which makes us see the truth.
I paint what I think, not what I see.
The first half of life is learning to be an adult;
the second half is learning to be a child.

◆◆◆

파블로 피카소
20세기 최고의 화가

삶의 의미는 자신의 재능을 찾는 것이다.
삶의 목적은 그 재능을 거리낌 없이 나누는 것이다.
예술은 진실이 아니다. 예술은 우리로 하여금 진실을 보게 만드는 거짓이다.
나는 내가 보는 것이 아니라, 생각하는 것을 그린다.
인생의 전반기는 어른이 되는 법을 배우는 것이고,
후반기는 아이가 되는 법을 배우는 것이다.

gift 몡 재능, 선물
purpose 몡 목적
give away 숙 나누다, 줘버리다
what I think 숙 내가 생각하는 것
what I see 숙 내가 보는 것

그 누구의 재능도 목표가 명확할 때 빛을 발합니다. 그러나 도파민의 욕망에 휘둘려 무의미한 일에 진을 빼면, 목표는 이루기 힘들죠. 또 성장이 없으니 자신의 재능을 찾기도 어려워지고요. 목표가 분명했던 피카소는 자신의 작품을 태우면서까지 추위를 견디며 그림 그리기를 멈추지 않았고, 그 덕분에 사람들의 감정을 그만의 입체적인 시각으로 표현하는 현대 미술의 거장이 된 것이죠.

Today's Lines

◆◆◆

The meaning of life is to find your gift.
The purpose of life is to give it away.
Art is not truth; art is the lie which
makes us see the truth.
I paint what I think, not what I see.
The first half of life is learning to be
an adult, the second half is learning
to be a child.

Simon Bolivar

God grants victory to perseverance.
The art of victory is learned in defeat.
An ignorant people is the blind instrument of
its own destruction.
The first duty of a government is to give education to the people.

◆◆◆

시몬 볼리바르
남미 독립운동의 영웅

신은 인내심에 승리를 허락한다.
승리의 멋진 기술은 패배에서 습득된다.
무지한 민중은 스스로 파멸시키는 맹목적인 도구이다.
정부의 첫 번째 의무는 국민에게 교육을 제공하는 것이다.

| grant 동 허락하다
| perseverance 명 인내, 끈기
| defeat 명 패배
| ignorant 형 무지한
| a people 명 민중, 민족
| instrument 명 도구
| destruction 명 파괴

볼리바르는 스페인 식민지에서 남미를 해방시킨 남미 독립의 아버지입니다. 유럽에서 계몽사상을 접한 그는 자유와 평등을 위해 투쟁했고, 그의 리더십 아래 여러 나라가 해방되었습니다. '승리를 통해서만 자유로워질 수 있다'는 신념은 그를 역경 속에서도 멈추지 않게 했습니다. 그의 여정은 자유를 위한 불굴의 의지가 큰 변화를 일으킬 수 있음을 보여줍니다.

Today's Lines

♦♦♦

God grants victory to perseverance.
The art of victory is learned in defeat.
An ignorant people is the blind
instrument of its own destruction.
The first duty of a government is to give
education to the people.

Florence Nightingale

I attribute my success to this: I never gave or took any excuse.
How very little can be done under the spirit of fear.
I think one's feelings waste themselves in words;
they ought all to be distilled into actions which bring results.
Apprehension, uncertainty, waiting, expectation, fear of surprise,
do a patient more harm than any exertion.

◆◆◆

플로렌스 나이팅게일
근대 간호학 창시자

내 성공의 속성은 결코 그 어떤 변명을 하지도, 받아들이지도 않는 것이다.
두려운 마음속에 이루어지는 일은 거의 없다.
사람의 감정은 말로 인해 스스로 소모된다고 생각한다.
감정은 결과를 가져오는 행동으로 모두 정제되어야만 한다.
환자에게는 불안, 불확실성, 기다림, 막연한 기대, 뜻밖의 공포가
그 어떤 신체적 움직임보다 더 큰 해를 끼친다.

---

attribute A to B 〔숙〕 A가 B의 탓이다
little 〔부〕 거의 ~않다
ought to 〔숙〕 ~해야만 한다
distill 〔동〕 정제하다
apprehension 〔명〕 염려
uncertainty 〔명〕 불확실성
expectation 〔명〕 기대감
do ~ harm 〔숙〕 ~에 해를 입히다

모든 인간은 두려움을 늘 과장합니다. 나이팅게일은 부유한 집안의 안락함을 버리고 가족의 반대에도 전장에서 열악한 환경을 개선하며 병사들의 생명을 구했습니다. 변명 대신 실천으로 의료 개혁과 간호 교육을 이끈 그녀는, 위생과 심리적 개선으로 병사 사망률을 42%에서 2%로 낮췄습니다. 그녀의 성공은 변명과 두려움 없는 실천의 결과입니다.

Today's Lines

♦♦♦

I attribute my success to this:
I never gave or took any excuse.
How very little can be done
under the spirit of fear.
I think one's feelings waste themselves
in words, they ought all to be distilled
into actions which bring results.
Apprehension, uncertainty, waiting,
expectation, fear of surprise, do a patient
more harm than any exertion.

Fyodor Dostoevsky

We always imagine eternity as something beyond our conception, something vast, vast! But why must it be vast? Instead of all that, what if it's one little room, like a bath house in the country, black and grimy and spiders in every corner, and that's all eternity is? I sometimes fancy it like that.

《Crime and Punishment》

❖❖❖
표도르 도스토옙스키
러시아 문학에 깊이를 더한 작가

우리는 늘 영원함을 우리의 개념을 초월하는 거대한 무언가로 생각한다. 거대하고 거대한 무엇! 그러나 왜 꼭 그렇게 거대해야 할까? 그런 모든 것들 대신, 그냥 검고 때 묻은, 구석구석에 거미가 있는 시골 공중목욕탕 같은 작은 공간일 뿐이라면 그리고 그 모든 게 영원이라면 어떨까? 나는 가끔 영원함을 그런 모습으로 상상하곤 한다.

《죄와 벌》 중에서

---

eternity 명 영원함
vast 형 방대한, 넓은
what if~? 숙 ~는 어떨까?
grimy 형 때 묻은, 더러운
fancy 동 즐겁게 상상하다

인간 내면과 심리 묘사를 통해 러시아 문학의 깊이를 더한 도스토옙스키는 《죄와 벌》,《카라마조프가의 형제들》과 같은 대작을 남겼습니다. 《죄와 벌》은 가난한 청년이 살인을 저지른 후 겪는 고뇌를 통해 인간 심리와 도덕적 갈등을 심도 있게 그린 작품입니다.

Today's Lines
❖❖❖

We always imagine eternity as something beyond our conception, something vast, vast! But why must it be vast? Instead of all that, what if it's one little room, like a bath house in the country, black and grimy and spiders in every corner, and that's all eternity is? I sometimes fancy it like that.

George Eliot

You must be sure of two things: you must love your work, and not be always looking over the edge of it, wanting your play to begin. And the other is, you must not be ashamed of your work, and think it would be more honorable to you to be doing something else. You must have a pride in your own work and in learning to do it well.

《Middlemarch》

◆◆◆

조지 엘리엇
서양 문학사에 중요한 자리를 차지한 영국 작가

당신은 두 가지를 확실히 알고 있어야 한다. 먼저 자기 일을 사랑해야만 하고, 일이 아닌 것에 자꾸만 한눈을 팔면서, 놀 시간이 오기를 바라서는 안 된다. 그리고 다른 하나는, 결코 자기 일을 부끄러워해서는 안 되며, 다른 일을 하고 있는 게 더 명예롭다고 생각해서도 안 된다. 당신은 자기 일에 그리고 그 일을 잘하는 법을 배우는 데서 일종의 긍지를 느껴야만 한다.

《미들마치》 중에서

---

be sure of 〔숙〕 ~을 확신하다
look over 〔숙〕 곁눈질하다
be ashamed of 〔숙〕 ~을 수치스러워하다
honorable 〔형〕 명예로운

영국 근대 소설을 대표하는 《미들마치》는 빅토리아 시대의 영국 지방 사회를 배경으로 인간관계와 도덕적 갈등을 다루고 있습니다.

Today's Lines
◆◆◆

You must be sure of two things:
you must love your work, and not
be always looking over the edge of it,
wanting your play to begin.
And the other is, you must not be ashamed
of your work, and think it would be more
honorable to you to be doing something else.
You must have a pride in your own work
and in learning to do it well.

James Joyce

If Socrates leave his house today he will find the sage seated on his doorstep. If Judas go forth tonight it is to Judas his steps will tend. Every life is many days, day after day. We walk through ourselves, meeting robbers, ghosts, giants, old men, young men, wives, widows, brothers-in-love, but always meeting ourselves.

《Ulysses》

◆◆◆

제임스 조이스
현대 소설의 패러다임을 바꾼 작가로 불리는 아일랜드 대문호

만일 소크라테스가 오늘 집을 나선다면, 그의 문간에 앉아 있는 현자를 만날 것이오. 유다가 오늘 밤 나아간다면, 그의 발걸음은 그를 또 다른 유다에게로 이끌 것이다. 모든 삶은 하루하루 이어지는 많은 날들이다. 우리는 우리 자신 속을 걸어가며 강도, 유령, 거인, 노인, 젊은이, 아내, 과부, 형제들을 만나지만, 결국 언제나 마주치는 것은 우리들 자신이다.

《율리시스》 중에서

---

sage 〔명〕 현인
doorstep 〔명〕 문 앞 계단
tend A to B 〔숙〕 A를 B로 이끌다
day after day 〔숙〕 매일매일
widow 〔명〕 남편을 잃은 여자
brother-in-love(brother-in-law의 고어)
〔명〕 결혼으로 맺어진 형제(매형, 처남)

《율리시스》는 더블린에서의 하루를 인간 의식과 일상을 실험적 서술로 담아낸 모더니즘 걸작으로 평가받고 있습니다. 의식의 흐름 기법과 상징적 서사를 확인할 수 있는 작품입니다. 참고로, 3인칭 동사인 leaves나 goes 대신 leave와 go를 쓴 것은 작가가 일부러 고어의 느낌을 살린 겁니다.

Today's Lines

♦♦♦

If Socrates leave his house today he will find the sage seated on his doorstep. If Judas go forth tonight it is to Judas his steps will tend. Every life is many days, day after day. We walk through ourselves, meeting robbers, ghosts, giants, old men, young men, wives, widows, brothers-in-love, but always meeting ourselves.

Charlotte Brontë

Prejudices, it is well known, are most difficult to eradicate from the heart whose soil has never been loosened or fertilized by education: they grow there, firm as weeds among stones. Hannah had been cold and stiff, indeed, at the first: latterly she had begun to relent a little; and when she saw me come in tidy and well-dressed, she even smiled.

《Jane Ayre》

◆◆◆

샬럿 브론테
19세기 영국 문학의 선구자로 평가받는 소설가

편견은 잘 알려져 있듯, 교육으로 그 토양을 느슨하게 하거나 비옥하게 한 적이 없는 마음에서는 그 뿌리를 뽑는 것이 가장 힘들다. 그 이유는 편견이 돌 틈에서 자라는 잡초처럼 단단히 자리 잡고 있기 때문이다. 한나는 처음에는 진짜로 차갑고 경직되어 있었지만, 나중에는 조금씩 마음을 풀기 시작했다. 내가 단정하게 옷을 잘 입고 들어오는 것을 보고 그녀는 심지어 미소를 짓기도 했다.

《제인 에어》 중에서

---

prejudice 명 선입견, 편견
eradicate 동 근절하다
soil 명 토양
fertilize 동 비료를 주다
firm 형 단단한
latterly 부 나중에, 끝에는
relent 동 누그러지다
tidy 형 말쑥한

샬럿 브론테는 고난 속에서도 자아와 사랑을 찾으려는 강인한 여성의 서사를 풀어낸 성장 소설 《제인 에어》로 세계적인 명성을 얻게 됩니다. 《제인 에어》는 현재까지도 수없이 영화와 드라마로 각색되며 사랑받고 있는 작품입니다.

Today's Lines

♦♦♦

Prejudices, it is well known, are most
difficult to eradicate from the heart whose
soil has never been loosened or fertilized
by education: they grow there, firm
as weeds among stones. Hannah had been
cold and stiff, indeed, at the first:
latterly she had begun to relent a little,
and when she saw me come in tidy and
well-dressed, she even smiled.

Alexandre Dumas

Nothing makes time pass more quickly or more shortens
a journey than a thought which absorbs in itself all the faculties
of the organization of him who thinks. External existence then
resembles a sleep of which this thought is the dream.
By its influence, time has no longer measure,
space has no longer distance.

《The Three Musketeers》

◆◆◆

알렉산드르 뒤마
프랑스 문학의 거장, 세계적인 인기 소설가

생각은 시간이 빠르게 지나가도록 하거나 여정을 더 단축하는 가장 강력한 요소다. 사고는 생각하는 이의 전체 조직이 가진 능력들을 그 자체로 모두 흡수한다. 그러면 외적인 존재는 마치 이 생각이 꿈인 잠과 닮게 된다. 이런 영향 때문에 시간은 더 이상 측정되지 않고, 공간은 더 이상 거리가 느껴지지 않는다.

《삼총사》중에서

---

shorten 동 줄이다
absorb 동 흡수하다
faculty 명 능력
external 형 외부의, 외적인
existence 명 존재

100년이 넘도록 사랑받는 작품 《삼총사》는 왕을 지키는 총사들의 모험과 우정을 중심으로 펼쳐지는 역사와 정치 그리고 정의를 그린 소설입니다. 인기 캐릭터 '다르타냥'이 주인공으로 등장합니다.

Today's Lines
♦♦♦

Nothing makes time pass more quickly
or more shortens a journey than a thought
which absorbs in itself all the faculties
of the organization of him who thinks.
External existence then resembles a sleep
of which this thought is the dream.
By its influence, time has no longer
measure, space has no longer distance.

Neil deGrasse Tyson

Knowing how to think empowers you far beyond
those who know only what to think.
I love being wrong because that means in that instant,
I learned something new that day.
In the end, it's the people who are curious
who change the world.
No one is dumb who is curious; the people who don't ask
questions remain clueless throughout their lives.

◆◆◆

닐 드그래스 타이슨
천체물리학자, 칼 세이건의 후계자로 불리는 대중 과학자

어떻게 생각할지를 아는 것은, 오직 무엇을 생각할지를 아는 사람들보다
훨씬 더 엄청난 능력을 준다.
나는 틀리는 것을 좋아한다. 왜냐하면 그 순간에 내가 그날 뭔가 새로운 걸
배운다는 뜻이기 때문이다.
결국, 세상을 바꾸는 사람들은 바로 호기심이 있는 사람들이다.
호기심을 가진 사람 중에 어리석은 이는 없다.
더불어, 질문하지 않는 사람들은 평생 무지한 채로 살아갈 것이다.

---

empower 동 권한(능력)을 부여하다
far 부 훨씬, 먼
instant 형 순간, 당장의
in the end 숙 결국
remain 동 ~한 채로 남다
clueless 형 단서가 없는, 무지한
throughout 전 내내

우리는 생존 본능으로 유용한 정보를 늘 중요시하며, 똑똑함을 높게 평가하죠. 하지만 현대 사회에선 정보 자체보다 어떻게 생각하고 질문하느냐가 훨씬 더 중요합니다. 호기심과 창의성이 폭발적인 성장을 이끌기 때문이죠. 타이슨이 우주와 과학을 명쾌하고 유쾌하게 풀어내는 것도 우연이 아닙니다. "왜?"라는 질문은 늘 세상을 다른 방식으로 바꿉니다.

Today's Lines
◆◆◆

Knowing how to think empowers you far beyond those who know only what to think. I love being wrong because that means in that instant, I learned something new that day. In the end, it's the people who are curious who change the world. No one is dumb who is curious, the people who don't ask questions remain clueless throughout their lives.

William Wordsworth

My heart leaps up when I behold
   A rainbow in the sky:
So was it when my life began;
So is it now I am a man;
So be it when I shall grow old,
   Or let me die!
The Child is father of the Man;
And I could wish my days to be
Bound each to each by natural piety

《My Heart Leaps Up When I Behold》

---

leap 동 뛰다, 도약하다
behold 동 바라보다
grow old 숙 나이가 들다
wish 동 바라다
bound 형 묶여 있는
piety 명 경건함

Today's Lines

윌리엄 워즈워스
영국 낭만주의 시인

하늘에 있는 무지개를 바라보면
내 가슴은 뛴다네.
내 삶이 시작될 때 그랬고
내가 어른이 된 지금도 그렇다네.
내가 나이가 들어도 그러하길,
 아니면 차라리 죽겠네!
아이야말로 어른의 아버지라네.
그리고 나는 내 모든 날들이
자연의 경건함으로 하나하나 이어지기를 바라네.

《내 가슴은 뛰노라》

> 《내 가슴은 뛰노라》는 자연과 인간의 감정적 교감을 노래하며 낭만주의의 정수를 보여주는 시로 평가받습니다.

My heart leaps up when I behold
   A rainbow in the sky:
So was it when my life began;
So is it now I am a man;
So be it when I shall grow old,
   Or let me die!
The Child is father of the Man;
And I could wish my days to be
Bound each to each by natural piety.

You'll find that life is still worthwhile if you just smile.

Chapter 2

단지 웃기만 해도

삶이 여전히 가치 있음을

당신은 알게 될 것이다.

Happiness · Love · Hope

행복　　　　　사랑　　　　　희망

나에게 꼭 맞는
영어 원서 고르는 원칙 3

영어 필사를 하거나 영어 원문을 읽고 싶은데,
어떤 책을 골라야 할지 몰라서 고민하는 분이 많습니다.
내게 맞는 영어 원서 고르는 방법을 쉽고 간략하게 알려드립니다.

가장 좋아하는 것으로 고르기

영어 원서를 고르는 것은, 음식을 고르는 것과 비슷합니다. 먼저 한식, 중식, 양식, 분식 등 좋아하는 분야에서 메뉴를 고민하기 시작하듯이 원서도 내가 좋아하는 장르로 시작합니다. 로맨스, 역사, 추리, 여행, 수필, 자연, 과학, 경제 혹은 자기 계발 등등 꼭 분야를 특정하세요. 남들이 아무리 좋다고 말하는 작품도, 내가 흥미를 느끼지 못하면 의미가 없습니다. 예를 들어, 모험 소설을 좋아한다면《걸리버 여행기(p.232)》,《모비딕(p.176)》, 심리 묘사가 뛰어난 로맨스물이 좋다면《제인 에어(p.68)》와《폭풍의 언덕(p.126)》, 동심을 자극하는 유머러스한 소년물이 좋다면《피터 팬(p.132)》,《허클베리 핀의 모험(p.116)》, 개성 넘치는 장르물을 원한다면《드라큘라(p.200)》,《프랑켄슈타인(p.124)》을 고를 수 있겠죠. 이 책 속에 담긴 다양한 분야의 문장을 써보며 내게 꼭 맞는 장르를 찾아본다면, 영어 원서를 조금 더 쉽게 고를 수 있을 것입니다.

내가 소화할 수 있는 것으로 고르기

내가 고른 원서의 내용 중 모르는 영단어가 50% 이상이면, 내가 소화할 수 있는 책이 아닙니다. 모르는 단어가 적어도 10%~20% 미만이어야 내용이 상상이 되고, 흐름이 궁금해져서 원서를 끝까지 볼 수 있습니다. 예를 들어《작은 아씨들》의 아래 두 문장의 총 단어는 30개인데요. 이중 모르는 단어가 3~6개가 넘어가지 않는 수준이 내게 맞는 겁니다.

> Not far away from here lies a poor woman with a little newborn baby. Six children are huddled into one bed to keep from freezing, for they have no fire.

단, 책의 전체를 다 읽지 않고, 일부분만 필사한다면, 어려운 수준도 도전할 수 있다는 장점이 있습니다. 어려운 문장도 몰입해서 반복하다 보면, 문해력이 높아지고 자신감도 생겨 영어 원서 읽기가 더욱 즐거워질 겁니다.

3 / 오랜 시간 검증된 고전에서 고르기

사실 음식이든 언어든 그것을 음미하는 행위는 고정된 능력이 아니라, 단지 연습의 결과입니다. 좋은 재료로 음식을 만들면 그 자체로 맛있어지듯이, 좋은 작품을 선택해 연습한다면 누구나 효과를 얻을 수 있습니다. 무엇을 좋아하는지, 나의 소화력이 어느 정도인지 헷갈릴 때는 오랜 시간 많은 이들에게 충분히 검증된 고전 작품에서 선택해 보세요.

예를 들어 《모비딕》의 다음 내용은 단어와 구조만 보면 쉽지 않습니다.

> Consider, once more, the universal cannibalism of the sea; all whose creatures prey upon each other, carrying on eternal war since the world began.

하지만 바닷속의 먹고 먹히(prey)는 끝없는 생존 전쟁(eternal war)에 대해 생각해 보고, 이를 인간의 삶까지 확장해보면, 나의 생존은 항상 다른 생명체의 희생을 요구한다는 '존재의 모순성'으로도 연결됩니다. 그리고 이런 '존재의 본질적 모순'은 수많은 작품의 가장 빈번한 주제이기도 하죠. 이처럼 고전을 통해 얻는 다양한 배움 덕분에 원서를 읽는 효과는 물론 즐거움도 깊어질 겁니다. 더불어 앞으로 다른 원서들을 대할 때도 묘한 자신감이 올라올 테고요.

Frida Kahlo

I am not sick. I am broken.
But I am happy as long as I can paint.
I am my own muse. I am the subject I know best.
The subject I want to better.
Feet, what do I need you for when I have wings to fly?
Nothing is worth more than laughter.
It is strength to laugh and to abandon oneself, to be light.

◆◆◆

프리다 칼로
멕시코의 국민 화가

나는 아프지 않다. 나는 부서졌을 뿐이다.
하지만 내가 그림을 그릴 수 있는 한 행복하다.
나는 나의 뮤즈다. 나는 내가 가장 잘 아는 주제이며 발전시키고 싶은 대상이다.
날 수 있는 날개가 있는데, 내가 무엇 때문에 발이 필요하겠는가?
웃음보다 더 가치 있는 것은 없다.
그것은 웃고 자신을 내맡겨서, 속박을 벗어나는 힘이다.

---

broken 형 깨진, 부서진
muse 명 영감의 여신
subject 명 주제, 대상, 제목
better 동 개선하다, 더 나은
abandon 동 포기하다

소아마비와 치명적 교통사고를 딛고, 한 번도 배운 적 없는 미술을 시작해서 멕시코의 국민화가가 된 프리다 칼로! 그녀의 발과 몸은 망가졌지만 스스로의 영감이 되어 하늘을 나는 세계적인 화가가 되었죠. 현실의 고통을 웃음으로 승화한 그녀의 작품을 루브르 박물관 최초로 구입하기도 했었고요. 삶에서 나의 결핍이 나를 더 성장하게 만드는 행복의 기회는 아닐까요?

Today's Lines
♦♦♦

I am not sick. I am broken.
But I am happy as long as I can paint.
I am my own muse.
I am the subject I know best.
The subject I want to better.
Feet, what do I need you for
when I have wings to fly?
Nothing is worth more than laughter.
It is strength to laugh and to abandon
oneself, to be light.

Dale Carnegie

Our thoughts make us what we are.
Remember, today is tomorrow you worried about yesterday.
Don't be afraid of enemies who attack you.
Be afraid of the friends who flatter you.
Success is getting what you want.
Happiness is wanting what you get.

◆◆◆

데일 카네기
인간관계 전문가, 자기 계발 작가

우리의 생각이 우리의 됨됨이를 만든다.
기억하라, 오늘은 당신이 어제 걱정했던 내일이다.
당신을 공격하는 적들을 두려워하지 말라.
당신에게 아첨하는 친구들을 두려워하라.
성공은 원하는 것을 얻는 것이고, 행복은 얻은 것을 원하는 것이다.

- thought 명 생각
- worry about 숙 ~대해 걱정하다
- enemy 명 적
- attack 동 공격하다
- flatter 동 아첨하다
- what you want 숙 원하는 것

위인들의 공통된 성공 비결은 목표를 생생하게 떠올리는 '시각화'입니다. 자주 떠올리는 생각이 실천이 되고, 결국 우리의 인생을 만들죠. 걱정에만 집중하면 해결책보다 걱정거리가 더 많아지고, 아첨에 만족하면 성장 대신 퇴보만 남습니다. 두려움 대신 감사하는 마음으로 차근차근 자신감을 키워가다 보면, 삶은 자연스럽게 행복으로 채워집니다.

Today's Lines

Our thoughts make us what we are.
Remember, today is tomorrow you worried about yesterday.
Don't be afraid of enemies who attack you.
Be afraid of the friends who flatter you.
Success is getting what you want.
Happiness is wanting what you get.

Arthur Schopenhauer

We seldom think of what we have, but always of what we lack.
Therefore, rather than being grateful, we become bitter.
It is difficult to find happiness within oneself,
but it is impossible to find it anywhere else.
Just remember, once you're over the hill,
you begin to pick up speed.

◆◆◆

아르투르 쇼펜하우어
철학자

우리는 가진 것을 거의 생각하지 않고, 항상 부족한 것만 생각한다.
그래서 감사하기보다는 씁쓸해한다.
자신 안에서 행복을 찾는 것은 어렵다.
하지만 행복을 다른 곳에서 찾는 것은 불가능하다.
이것만 기억하라. 일단 언덕을 넘으면 속도가 붙기 시작한다는 것을.

---

seldom 〔부〕 거의 ~하지 않다
lack 〔동〕 부족하다
therefore 〔부〕 그러므로
rather than 〔숙〕 ~라기보다는
bitter 〔형〕 쓴, 씁쓸한
pick up speed 〔숙〕 속도를 올리다

인간은 늘 가진 것보다 부족한 것에 집중하며, 행복은 어떤 문제가 해결되면 찾아올 거라 믿습니다. 하지만 가진 것에 감사하는 순간, 진정한 성장과 행복이 시작됩니다. 쇼펜하우어가 "인간의 고통은 본질적이며, 이를 벗어나는 유일한 길은 욕망을 억제하는 것"이라 말한 이유도 여기에 있을 겁니다.

Today's Lines

♦♦♦

We seldom think of what we have,
but always of what we lack.
Therefore, rather than being grateful,
we become bitter.
It is difficult to find happiness within
oneself, but it is impossible to find it
anywhere else.
Just remember, once you're over the hill,
you begin to pick up speed.

Oprah Winfrey

You become what you believe.
The biggest adventure you can take is to live the life of
your dreams.
Do what you have to do until you can do what you want to do.
The more you praise and celebrate your life,
the more there is in life to celebrate.
What I know for sure is that what you give comes back to you.

◆◆◆

오프라 윈프리
방송인, 기업가, 자선가

당신은 당신이 믿는 대로 된다.
당신이 해볼 만한 가장 큰 모험은 당신이 꿈꾸는 삶을 사는 것이다.
당신이 원하는 것을 할 수 있을 때까지, 해야 할 일을 해라.
스스로 삶을 칭찬하고 축하할수록, 삶에서 축하할 일이 더 많아진다.
내가 확실히 아는 것은, 당신이 나눠주는 것이 결국 당신에게 돌아온다는 것이다.

| adventure 명 모험
| until 부 ~할 때까지
| the more~, the more 숙 ~할수록 더 ~한다
| praise 동 칭찬하다
| for sure 숙 확실히

오프라 윈프리는 가난과 학대 속에서 어린 시절을 보냈지만, 끊임없이 배움과 도전에 나섰습니다. 방송 리포터로 시작해, 진솔함과 공감 능력으로 세계적인 토크쇼 진행자가 되었죠. 그녀는 실패와 아픔을 삶의 일부로 받아들이며, 세상에 희망, 변화와 감동을 만들어 냈습니다. 그녀의 여정은, 한 사람이 어떻게 세상에 선한 영향을 미칠 수 있는지를 보여줍니다.

Today's Lines

You become what you believe.
The biggest adventure you can take
is to live the life of your dreams.
Do what you have to do until you can do
what you want to do.
The more you praise and celebrate your life,
the more there is in life to celebrate.
What I know for sure is that
what you give comes back to you.

L. M. Montgomery

Oh, it's delightful to have ambitions.
I'm so glad I have such a lot.
And there never seems to be any end to them
-that's the best of it.
Just as soon as you attain to one ambition you see another one glittering higher up still.
It does make life so interesting.

《Anne of Green Gables》

◆◆◆

엘 엠 몽고메리
캐나다의 정체성을 대표하는 소설가

야망을 갖는 건 기분 좋은 일이에요. 저는 야망이 아주 많아서 정말 기뻐요.
게다가 야망에는 끝이 없어 보이잖아요, 그게 정말 최고이고요.
한 야망을 열심히 이루자마자 바로 또 하나가 여전히 더 높이 빛나는 게 보이잖아요.
이게 삶을 진짜로 흥미롭게 만들어줘요.

《빨강머리 앤》 중에서

delightful 형 큰 기쁨의
ambition 명 야망
end to ~ 숙 ~에 끝
as soon as 숙 ~하자마자
attain 동 달성하다
attain to ~을 달성하다(고어체)
glitter 동 반짝이다

몽고메리는 청소년 소설에서 여성의 독립적 성장을 그려내며 큰 반향을 일으켜, 캐나다 문학을 대표하는 작가가 되었습니다. 《빨강머리 앤》은 고아 소녀 앤이 새로운 가족과 마을에 적응하며 성장해가는 과정을 유머와 감동으로 풀어내 오래도록 사랑받는 작품입니다.

Today's Lines
♦♦♦

Oh, it's delightful to have ambitions.
I'm so glad I have such a lot.
And there never seems to be any end to them - that's the best of it.
Just as soon as you attain to one ambition you see another one glittering higher up still.
It does make life so interesting.

Albert Schweitzer

Happiness is the key to success.
If you love what you are doing, you will be successful.
The purpose of human life is to serve and to show compassion
and the will to help others.
Example is not the main thing in influencing others.
It is the only thing.

◆◆◆

앨버트 슈바이처
노벨평화상 수상자, 의사, 신학자

행복이 성공의 열쇠다. 스스로 하는 일을 사랑하면 당신은 성공할 것이다.
인간 삶의 목적은 봉사하고, 남을 도우려는 의지와 동정심을 보이는 데 있다.
타인에게 영향을 미치는 데 있어서 본보기는 주된 것이 아니라 유일한 것이다.

success 명 성공
purpose 명 목적
compassion 명 동정
will 명 의지
influence 통 영향 주다

성공이 행복의 열쇠가 아니라, 행복해야 성공합니다. 행복하려면 하는 일을 사랑해야 하죠. 그런데 스스로를 위한 목표는 늘 타협하기 쉽지만, 남을 돕는 목표는 실천을 즐겁게 하고, 나의 성장과 행복을 돕습니다. 슈바이처를 아프리카 의료봉사로, 또 노벨 평화상으로 이끈 힘도 바로 삶의 분명한 목적과 연민, 그리고 나눔에서 오는 행복이었을 겁니다.

Today's Lines

⬥⬥⬥

Happiness is the key to success.
If you love what you are doing,
you will be successful.
The purpose of human life is to serve
and to show compassion and the will
to help others.
Example is not the main thing
in influencing others.
It is the only thing.

Mother Teresa

Peace begins with a smile.
Kind words can be short and easy to speak,
but their echoes are truly endless.
The most terrible poverty is loneliness,
and the feeling of being unloved.
Yesterday is gone. Tomorrow has not yet come.
We have only today. Let us begin.
I alone cannot change the world, but I can cast a stone
across the waters to create many ripples.

◆◆◆

테레사 수녀
노벨평화상 수상자, 가난한 이들을 위한 봉사자

평화는 미소와 함께 시작된다. 친절한 말은 짧고 말하기 쉽지만,
그 메아리는 진정 끝이 없다.
가장 끔찍한 빈곤은 외로움이고, 사랑받지 못한다는 느낌이다.
어제는 지나갔다. 내일은 아직 오지 않았다.
우리에게는 오직 오늘만이 있으니 시작하자.
나 혼자서는 세상을 바꿀 수 없다.
하지만 많은 물결이 일도록 물이 있는 곳 어디든, 돌을 던질 수는 있다.

- echo 명 울림, 메아리
- endless 형 끝이 없는
- terrible 형 끔찍한
- poverty 명 빈곤
- cast 동 던지다
- ripple 명 파문, 잔물결

삶을 이득의 측면만으로 보면 남을 돕는 기회는 항상 '내가 바쁘다'는 이유로 미뤄지죠. 하지만 남을 위한 미소와 배려는 오히려 나의 폭발적인 성장을 이끌어냅니다. 마케도니아 출신으로, 열여덟 살에 수녀가 되어 인도에서 가난과 고통에 시달리는 사람들을 돕기 시작한 테레사 수녀의 헌신은, 전 세계를 움직이는 큰 물결이 되었죠. 베풀고 나누면 결국 내가 성장합니다.

Today's Lines

Peace begins with a smile. Kind words
can be short and easy to speak,
but their echoes are truly endless.
The most terrible poverty is loneliness,
and the feeling of being unloved.
Yesterday is gone.
Tomorrow has not yet come.
We have only today. Let us begin.
I alone cannot change the world,
but I can cast a stone across the waters
to create many ripples.

Charlie Chaplin

You'll find that life is still worthwhile if you just smile.
Life laughs at you when you are unhappy;
life smiles at you when you are happy;
but life salutes you when you make others happy.
It isn't the ups and downs that make life difficult; it's the jerks.
Nothing is permanent in this wicked world
-not even our troubles.

◆◆◆

찰리 채플린
무성영화의 전설적인 배우 겸 감독

단지 웃기만 해도 삶이 여전히 가치 있음을 당신은 알게 될 것이다.
삶은 불행할 때 당신을 비웃고, 행복할 때 당신에게 미소를 짓는다.
하지만 다른 이들을 행복하게 할 때는 당신에게 경의를 표한다.
인생을 어렵게 만드는 것은 삶의 기복이 아니라, 뜻밖의 사건이다.
이 모진 세상에서 영원한 건 없다. 우리의 괴로움조차도.

---

worthwhile [형] 가치가 있는
laugh at [숙] ~을 비웃다
salute [동] 경례하다, 경의를 표하다
ups and downs [숙] 기복, 오르내림
jerk [명] 훅 당김, 얼간이(중의적 표현)
permanent [형] 영원한
wicked [동] 사악한, 모진
even [부] 심지어

살면서 누구나 문제나 위기를 겪습니다. 중요한 건 그것을 어떻게 해석하고 받아들이느냐죠. 긍정적인 사고와 행동이 행복을 불러오며, 나아가 남을 도울 때 삶에 의미 있는 성장을 합니다. 동시에 뜻밖의 사건에 대비하는 마음가짐도 필요하고요. 유머를 통해 인간의 복잡한 감정과 사회적 문제를 따뜻하게 전한 찰리 채플린은 이런 점에서 탁월합니다.

Today's Lines

◆◆◆

You'll find that life is still worthwhile
if you just smile.
Life laughs at you when you are
unhappy,
life smiles at you when you are happy,
but life salutes you when you make
others happy.
It isn't the ups and downs that make
life difficult, it's the jerks.
Nothing is permanent
in this wicked world-not even our troubles.

Louisa May Alcott

Not far away from here lies a poor woman with a little newborn baby. Six children are huddled into one bed to keep from freezing, for they have no fire. There is nothing to eat over there, and the oldest boy came to tell me they were suffering hunger and cold. My girls, will you give them your breakfast as a Christmas present?

《Little Women》

❖❖❖

루이자 메이 올컷
미국 소설가

여기서 멀지 않은 곳에 갓 태어난 아기가 있는 가난한 여인이 있단다. 집에 불이 없어서, 추위를 피하려고 여섯 명의 아이가 한 침대에 모여 웅크리고 있고. 거기에는 먹을 것도 없어서, 맏아들이 와서 배고픔과 추위로 고통받고 있다고 내게 말했단다.
내 딸들아, 너희의 아침 식사를 크리스마스 선물로 그들에게 줄 수 있겠니?

《작은 아씨들》 중에서

lie 〔동〕 놓여 있다
huddle 〔동〕 머리를 맞대고 모이다
keep from ~ing 〔숙〕 ~하는 걸 막다
,for 〔접〕 왜냐하면
suffer 〔동〕 고통을 겪다
hunger 〔명〕 굶주림

가족 중심의 도덕적 가치와 여성 독립성을 강조하며, 문학 발전에 기여한 루이자는 《작은 아씨들》에서 네 자매의 개별적 성장 과정을 그리며 가족과 사랑, 희생, 여성의 독립 가치를 따뜻하게 풀어냈습니다.

Today's Lines

Not far away from here lies a poor woman with a little newborn baby. Six children are huddled into one bed to keep from freezing, for they have no fire. There is nothing to eat over there, and the oldest boy came to tell me they were suffering hunger and cold. My girls, will you give them your breakfast as a Christmas present?

Pope Francis

We all have the duty to do good. We must restore hope
to young people, help the old, be open to the future,
spread love. Be poor among the poor.
We need to include the excluded and preach peace.
A little bit of mercy makes the world less cold and more just.
Holiness doesn't mean doing extraordinary things,
but doing ordinary things with love and faith.

◆◆◆

프란치스코 교황
제266대 교황, 인류애 실천가

우리는 모두 선을 행할 의무가 있다. 우리는 반드시 젊은이들에게 희망을 되찾아주고, 노인들을 돕고, 열린 마음으로 미래를 맞이하고, 사랑을 퍼뜨려야만 한다.
가난한 자들 사이에서 가난하게 살아보라.
우리는 내쳐진 자들을 포용하고 평화를 설파할 필요가 있다.
작디작은 자비가 세상을 덜 차갑게 그리고 더 공정하게 만든다.
거룩함은 거창한 일을 하는 것이 아니라, 사랑과 믿음으로 평범한 일을 하는 걸 말한다.

restore 동 복원하다
spread 동 퍼트리다
the excluded 숙 소외된 자들
preach 동 설교하다
holiness 명 신성함, 거룩함
extraordinary 형 특별한
ordinary 형 평범한

이성은 인간에게 바른 판단 능력을 주지만, 동시에 편견으로 다른 세계를 쉽게 재단하게도 합니다. 이성의 포용력은 경험을 통해서 더 넓어지고, 사회를 건강하게 만듭니다. 선을 선택이 아니라 의무로 여길 때, 나와 사회는 변화합니다. 교황 프란치스코는 고난과 아픔을 이겨내고, 겸손과 소박함으로 인류애와 사랑의 가치를 실천합니다.

Today's Lines

♦♦♦

We all have the duty to do good.
We must restore hope to young people,
help the old,
be open to the future, spread love.
Be poor among the poor. We need
to include the excluded and preach peace.
A little bit of mercy makes the world
less cold and more just.
Holiness doesn't mean doing extraordinary
things, but doing ordinary things
with love and faith.

Hillary Clinton

Never doubt that you are valuable, powerful, and deserving of every chance in the world to pursue your dreams.
No society can thrive when half its people are left behind.
Caring for others is an expression of what it means
to be fully human.
There's no such thing as other people's children.

◆◆◆

힐러리 클린턴
전 미국 국무장관, 여성 인권 운동가

당신은 가치 있고 강력하며, 당신의 꿈을 좇기 위해 세상의 모든 기회를 받을 자격이 있다는 걸 절대 의심하지 마라.
그 어떤 사회도 절반의 사람들이 뒤처지면 번창할 수 없다.
다른 사람을 돌보는 것은 온전히 인간답다는 게 무엇인지를 보여주는 것이다.
다른 사람들의 아이들이라는 것은 존재하지 않는다.

---

doubt 동 의심하다
deserving 형 자격 있는
pursue 동 추구하다
thrive 동 번창하다
care for 숙 챙기다, 돌보다
There's no such thing as 숙
~라는 건 없다

스마트폰과 인터넷이 없었다면 세계적인 IT 기업들과 K-컬처의 성장은 불가능했을지도 모릅니다. 성공이 노력만의 결과라고 믿기 쉽지만, 사실 수많은 숨은 도움 덕분입니다. 그래서 내가 받은 도움을 선의로 나누면 사회가 건강해지고, 그 과정에서 나도 성장하게 됩니다. 힐러리가 협력과 나눔의 가치를 강조한 이유도 바로 여기에 있을 테고요.

Today's Lines

♦♦♦

Never doubt that you are valuable,
powerful, and deserving of every chance
in the world to pursue your dreams.
No society can thrive when half its people
are left behind. Caring for others is
an expression of what it means to be fully
human.
There's no such thing
as other people's children.

Victor Hugo

When love has fused and mingled two beings in a sacred and angelic unity, the secret of life has been discovered
so far as they are concerned;
they are no longer anything more than the two boundaries of the same destiny; they are no longer anything but the two wings of the same spirit. Love, soar.

《Les Misérables》

◆◆◆

빅토르 위고
프랑스 문학의 거장

사랑이, 두 존재를 신성하고 천사 같은 하나 됨으로 융합해서 어우러지게 했을 때,
그들에게는 인생의 비밀이 드러난 것이다.
그들은 동일한 운명의 두 경계선에 지나지 않을 뿐이고,
그들은 똑같은 영혼을 이루는 두 날개에 불과하다.
사랑이여, 날아올라라.

《레 미제라블》 중에서

---

fuse 통 융합하다
mingle 통 어우르다
sacred 형 신성한
angelic 형 천사 같은
no longer 숙 더 이상
no(t) ~anything but 숙 단지 ~일 뿐
soar 통 날아오르다

빅토르 위고의 《노트르담 드 파리》, 《레 미제라블》, 《웃는 남자》는 모두 뮤지컬로 만들어지며 대중에게 큰 인기를 얻은 작품들입니다. 《레 미제라블》은 혁명기 프랑스를 배경으로 주인공의 사랑과 정의 그리고 인간애를 다룬 걸작입니다.

Today's Lines
♦♦♦

When love has fused and mingled two
beings in a sacred and angelic unity,
the secret of life has been discovered
so far as they are concerned;
they are no longer anything more than
the two boundaries of the same destiny;
they are no longer anything but the two
wings of the same spirit. Love, soar.

Malcolm X

When 'I' is replaced with 'We', even illness becomes wellness.
We need more light about each other.
Light creates understanding, understanding creates love,
love creates patience, and patience creates unity.
People don't realize how a man's whole life can be changed
by one book.

◆◆◆

맬컴 엑스
흑인 인권 운동가

'내'가 '우리We'로 바뀔 때, 심지어 질병illness도 건강wellness이 된다.
우리는 서로에 대해 더 많은 빛이 필요하다. 빛은 이해를 만들고, 이해는 사랑을 만들며,
사랑은 인내를 만들고, 인내는 단결을 만들어낸다.
사람들은 책 한 권이 어떻게 한 사람의 인생 전체를 바꿀 수 있는지 깨닫지 못한다.

replace 동 대체하다 even 부 심지어 create 동 창조하다 patience 명 인내 unity 명 단결 realize 동 깨닫다	인간은 생존을 위해 도전보다 안전을 우선시하며 살아왔습니다. 이 본능으로 우리는 습관 바꾸기를 무척 싫어하죠. 이런 두뇌의 오류를 인지해야 서로를 객관적으로 이해할 수 있습니다. 낡은 습관 대신 대화와 이해로 공존을 추구해야 인내도 즐거움이 되고요. 인권 운동가 맬컴 엑스가 강조한 것도 바로 이 점입니다. 함께 대화하면 질병도 건강으로 바뀝니다.

Today's Lines
♦♦♦

When 'I' is replaced with 'We',
even illness becomes wellness.
We need more light about each other.
Light creates understanding,
understanding creates love, love creates
patience, and patience creates unity.
People don't realize how a man's whole
life can be changed by one book.

Vincent Van Gogh

Color in a picture is like enthusiasm in life.
If one truly loves nature, one finds beauty everywhere.
Great things do not just happen by impulse,
but as a succession of small things linked together.
Normality is a paved road: It's comfortable to walk on,
but no flowers grow on it.

◆◆◆

빈센트 반 고흐
인상파 화가

그림에서 색은 인생에서 열정과 같다.
만일 누가 진정으로 자연을 사랑한다면, 그는 어디에서나 아름다움을 볼 것이다.
위대한 일은 단순한 충동으로 일어나는 것이 아니라,
함께 연결된 작은 것들이 연속되며 이루어지는 것이다.
평범함은 포장된 길과 같다. 걷기에는 편하지만 그 길에는 꽃이 자라지 않는다.

---

enthusiasm 명 열정, 열의
truly 부 진정으로
by impulse 숙 충동적으로
succession 명 연속
link 동 연결하다
normality 명 평범함
paved 형 포장된

소설 속의 단어 하나, 쉼표 하나도 100% 작가의 의도에서 나온 결과입니다. 우리는 종종 우연한 성공에 성취가 쉽다고 착각하지만, 모든 성취는 시간과 노력의 결실이죠. 내가 누릴 결과만 바라보면 욕심과 빠른 길만 보이지만, 과정에 집중하면 열정과 몰입 그리고 비범함이 찾아옵니다. 고흐는 고통을 붓질로 승화시켜, 지금도 많은 이들에게 영감을 주고 있죠.

Today's Lines
♦♦♦

Color in a picture
is like enthusiasm in life.
If one truly loves nature,
one finds beauty everywhere.
Great things do not just happen
by impulse,
but as a succession of small things
linked together.
Normality is a paved road.
It's comfortable to walk on,
but no flowers grow on it.

Charles Darwin

The most important factor in survival is neither intelligence nor strength, but adaptability.
Nothing exists for itself alone, but only in relation to other forms of life.
A man who dares to waste one hour of time has not discovered the value of life.

◆◆◆

찰스 다윈
생물학자, 진화론의 창시자, 《종의 기원》 저자

생존에 있어서 가장 중요한 요소는 지능도 힘도 아닌 바로 적응력이다.
그 어떤 것도 단독으로는 존재하지 않고, 다른 생명체와의 관계 속에서만 존재한다.
감히 한 시간을 낭비하려는 자는 인생의 가치를 깨닫지 못한 자다.

factor 명 요소
neither A nor B 숙 A도 B도 아닌
adaptability 명 적응력
in relation to 숙 ~의 관계 속에
dare 동 감히 ~하다
value 명 가치

똑똑함이나 강한 힘은 생존에 유리해 보이지만, 사실 진정한 성취를 이루는 사람들의 공통점은 변화에 적응하는 능력입니다. 한 번의 성공이 영원하지 않음을 받아들일 때, 우리는 지치지 않고 도전을 이어갈 수 있죠. 적응과 성장이 쉽지는 않지만, 결국 인간은 이를 통해 발전하며, 이것이야말로 찰스 다윈이 진화론에서 강조한 생존의 본질입니다.

Today's Lines

The most important factor in survival
is neither intelligence nor strength,
but adaptability.
Nothing exists for itself alone,
but only in relation to other forms of life.
A man who dares to waste one hour of time
has not discovered the value of life.

E. M. Forster

Though you fly to Greece, and never see him again, or forget his very name, George will work in your thoughts till you die. It isn't possible to love and to part. You will wish that it was. You can transmute love, ignore it, muddle it, but you can never pull it out of you. I know by experience that the poets are right: love is eternal.

《A Room With A View》

❖❖❖

이 엠 포스터
영국 소설가

그리스로 날아가 그를 다시는 보지 않거나 그의 이름조차 잊는다 해도, 조지는 네가 죽을 때까지 네 마음속에 계속 떠오를 거야. 사랑하는데 헤어지는 것은 불가능해. 너는 그렇게 되기를 바라겠지만 말이야. 사랑을 바꾸거나, 무시하거나, 뒤죽박죽으로 만들 수는 있어도, 결코 네 안에서 그걸 끌어낼 수는 없어. 내가 경험해봐서 아는데, 시인들이 옳아. 사랑은 영원하지.

《전망 좋은 방》 중에서

work 동 영향을 주다
part 동 떠나다, 헤어지다
transmute 동 변형하다
ignore 동 무시하다
muddle 동 헝클어트리다
eternal 형 영원한

포스터의 대표작 《전망 좋은 방》, 《모리스》, 《인도로 가는 길》은 모두 영화로 만들어져 개봉됐을 정도로 큰 인기를 얻었습니다. 그중 《전망 좋은 방》은 이탈리아로 여행을 떠난 인물들의 사랑과 갈등을 통해 진정한 자유와 개성을 찾는 여정을 담고 있습니다.

Today's Lines
◆◆◆

Though you fly to Greece, and never see him again, or forget his very name, George will work in your thoughts till you die. It isn't possible to love and to part. You will wish that it was. You can transmute love, ignore it, muddle it, but you can never pull it out of you. I know by experience that the poets are right: love is eternal.

Albert Einstein

If you can't explain something simply, you don't understand it
well enough.
Everybody is a genius. But if you judge a fish by its ability
to climb a tree, it will live its whole life believing that
it is stupid.
Don't wait for miracles; your whole life is a miracle.

◆◆◆

알베르트 아인슈타인
물리학자, 상대성이론 창시자

만약 뭔가를 간단하게 설명할 수 없다면, 당신은 그걸 충분하게 잘 이해하지 못한 것이다.
모든 사람은 천재다. 하지만 만약 나무를 오르는 능력으로 물고기를 판단한다면, 물고기는 평생 자신이 멍청하다 믿으며 살 것이다.
기적을 기다리지 마라. 당신의 인생 전체가 하나의 기적이다.

---

explain 통 설명하다
understand 통 이해하다
genius 명 천재
judge 통 판단하다
ability 명 능력
climb 명 기어오르다

원리를 이해하면 자연스럽게 나만의 예와 설명이 떠오릅니다. 그리고 이런 원리 탐구는 억지 암기가 아니라 호기심에서 시작되죠. 아인슈타인도 어린 시절 학습 장애로 걱정을 샀지만, 호기심과 탐구 열정이 그를 이끌었습니다. 그는 모든 것을 잘하는 사람이 아니라, 끝없는 호기심과 열정으로 자신의 길을 개척한 인물이었습니다.

Today's Lines
◆◆◆

If you can't explain something simply,
you don't understand it well enough.
Everybody is a genius. But if you judge
a fish by its ability to climb a tree,
it will live its whole life
believing that it is stupid.
Don't wait for miracles;
your whole life is a miracle.

Mark Twain

It's lovely to live on a raft. We had the sky, up there, all speckled with stars, and we used to lay on our backs and look up at them, and discuss about whether they was made, or only just happened - Jim he allowed they was made, but I allowed they happened; I judged it would have took too long to make so many.

《The Adventures of Huckleberry Finn》

◆◆◆

마크 트웨인
미국 문학의 아버지

뗏목에서의 삶은 사랑스러워. 저 위에는 별들이 점처럼 가득한 하늘이 있었고, 우리는 등을 대고 누워 별들을 보며, 별들이 만들어진 건지, 아니면 그냥 우연히 생긴 건지에 대해 이야기를 나누곤 했지. 짐, 그 친구는 그것들이 만들어졌다고 생각했지만, 나는 그냥 생겨난 것 같다고 믿었어. 그 많은 별을 만들기에는 시간이 너무 오래 걸렸을 거라고 판단했거든.

《허클베리 핀의 모험》 중에서

---

speckled with [숙] ~반점들이 있는
lay [동] 눕히다 (정식 표현은 lie 눕다)
discuss [동] 토의하다
they was (=were) 주인공의 교육 정도를 보여주려는 작가의 의도된 문법 오류
whether [접] ~인지 아닌지
allow [동] 허락하다, 생각하다 (방언)
would have took [숙] 걸렸을 텐데 (정식 표현은 would have taken)

마크 트웨인은 《허클베리 핀의 모험》, 《톰 소여의 모험》에서 미시시피강을 배경으로 펼쳐지는 자유와 우정 그리고 노예제도와 같은 당시 사회 문제를 유머러스하게 그려냈습니다.

Today's Lines

It's lovely to live on a raft. We had the sky, up there, all speckled with stars, and we used to lay on our backs and look up at them, and discuss about whether they was made, or only just happened - Jim he allowed they was made, but I allowed they happened; I judged it would have took too long to make so many.

Malala Yousafzai

One child, one teacher, one book,
and one pen can change the world.
With guns you can kill terrorists;
with education you can kill terrorism.
I had two choices: be silent and get killed,
or speak up and be killed, I chose the second option.
Weakness, fear, and hopelessness died;
strength, power, and courage were born.

◆◆◆

말랄라 유사프자이
노벨평화상 최연소 수상자, 여성 교육권 운동가

아이 하나, 교사 한 명, 책 한 권 그리고 연필 한 자루가 세상을 바꿀 수 있다.
총으로는 테러리스트를 없앨 수 있지만, 교육으로는 테러 자체를 제거할 수 있다.
나는 둘 중 하나를 선택할 수 있었다.
침묵하고 살해되거나, 목소리를 내고 살해되거나. 나는 두 번째를 택했다.
나약함, 공포, 절망감은 사라지고 힘, 능력, 용기가 탄생했다.

terrorism 명 테러 행위
silent 통 침묵하는
speak up 숙 목소리를 내다
option 명 선택권
weakness 명 나약함
fear 명 두려움, 공포
hopelessness 명 절망

우리의 두뇌는 강하면서도 취약합니다. 그래서 무엇을 배우느냐가 우리의 인생을 결정하죠. 그게 바로 교육의 힘입니다. 책 한 권엔 사람의 영혼을 바꿀 생각이 담겨 있습니다. 생각이 바뀌면 증오는 사랑으로, 두려움은 용기로 바뀌고 세상도 변합니다. 열다섯 살에 노벨 평화상을 받은 유사프자이가 그 증거입니다. 그녀에게 용기를 준 책들이 나의 삶도 바꿀 수 있습니다.

Today's Lines

♦♦♦

One child, one teacher, one book,
and one pen can change the world.
With guns you can kill terrorists,
with education you can kill terrorism.
I had two choices: be silent and get killed,
or speak up and be killed,
I chose the second option.
Weakness, fear, and hopelessness died,
strength, power, and courage were born.

Jane Austen

How pleasant it is to spend an evening in this way! I declare, after all, there is no enjoyment like reading! How much sooner one tires of anything than of a book! When I have a house of my own, I shall be miserable if I have not an excellent library.

《Pride and Prejudice》

◆◆◆

제인 오스틴
사후에 더 사랑받는 영국 소설가

이런 식으로 저녁을 보내는 게 얼마나 유쾌한지 몰라요! 다 겪어보니 독서만큼 즐거운 건 없다는 걸 진짜로 믿어요! 다른 그 어떤 것보다도 책에 지치는 일이 훨씬 늦잖아요! 제가 저만의 집을 가지게 되었을 때, 훌륭한 서재가 없다면 불행할 거예요.

《오만과 편견》 중에서

pleasant 〔형〕 유쾌한, 즐거운
declare 〔동〕 선포하다
enjoyment 〔명〕 즐거움
tire of 〔숙〕 ~을 싫증 내다
miserable 〔형〕 불행한

《오만과 편견》은 사랑과 계급, 편견의 갈등을 중심으로 인간관계의 복잡함을 풍자적으로 그린 소설입니다. 영국 사회의 계급과 결혼에 대한 통찰을 보여주며, 여성 주인공의 독립적 사고를 그려내 오래도록 사랑받고 있습니다.

Today's Lines
♦♦♦

How pleasant it is to spend an evening in this way! I declare, after all, there is no enjoyment like reading! How much sooner one tires of anything than of a book! When I have a house of my own, I shall be miserable if I have not an excellent library.

Marcus Aurelius

The happiness of your life depends upon
the quality of your thoughts.
You have power over your mind-not outside events.
Realize this, and you will find strength.
Do not be wise in words; be wise in deeds.
Give yourself a gift: the present moment.
Death smiles at us all; all a man can do is smile back.

◆◆◆

마르쿠스 아우렐리우스
로마 황제, 스토아 철학자

당신 삶의 행복은 스스로 하는 생각의 품질에 달려 있다.
당신에게는 외부 사건들이 아니라, 본인 마음에 대한 통제권이 있다.
이걸 깨달으면 당신은 힘을 찾게 될 것이다.
말로만 지혜롭지 말고 행동으로 지혜로워져라.
자신에게 지금 이 순간이라는 선물을 주어라. 죽음은 우리 모두에게 미소를 짓는다.
사람이 할 수 있는 건, 미소를 되돌려주는 것이다.

| depend on 〔숙〕 ~에 달려 있다 |
| quality 〔명〕 품질 |
| thought 〔명〕 생각, 사고 |
| over 〔부〕 위쪽에, 우위에 있는 |
| realize 〔동〕 깨닫다 |
| deed 〔명〕 행동 |
| present 〔형〕 현재의 〔명〕 선물(현재=선물) |
| smile back 〔숙〕 미소를 되돌려주다 |

내가 자주 하는 생각이 내 인생을 결정합니다. 세상 모든 일을 통제할 순 없지만, 내 마음은 훈련을 통해 변화시킬 수 있죠. 마음을 다스릴 때 실천의 힘이 생기고, 인생도 달라집니다. 아우렐리우스는 《명상록》에서 내면의 평화와 자아 성찰의 중요성을 강조했는데요. 2000년 전이나 지금이나 삶의 핵심은 마음을 다스리는 데 있습니다.

Today's Lines

The happiness of your life depends
upon the quality of your thoughts.
You have power over your mind—
not outside events.
Realize this, and you will find strength.
Do not be wise in words, be wise in deeds.
Give yourself a gift: the present moment.
Death smiles at us all;
all a man can do is smile back.

Mary Shelley

The starry sky, the sea, and every sight afforded by these
wonderful regions seem still to have the power of elevating
his soul from earth. Such a man has a double existence:
he may suffer misery and be overwhelmed by disappointments,
yet when he has retired into himself,
he will be like a celestial spirit that has a halo around him,
within whose circle no grief or folly ventures.

《Frankenstein》

◆◆◆

메리 셸리
영국 SF소설가

별이 빛나는 하늘, 바다 그리고 이 멋진 지역들이 제공해주는 모든 광경은,
여전히 그의 영혼을 땅에서 끌어 올리는 힘을 가진 듯하다.
이런 사람은 이중적인 존재다.
그는 비참함에 고통받고 실망에 압도될 수도 있지만,
자기 내면으로 물러서면 마치 천상의 영혼과도 같을 것이다.
그의 주위에는 후광이 빛나며, 그 후광의 원 안으로는 비통함이나 어리석음은
감히 들어오지도 못한다.

《프랑켄슈타인》 중에서

---

starry 〔형〕 별이 빛나는
suffer 〔동〕 고통을 겪다
overwhelm 〔동〕 압도하다
celestial 〔형〕 천상의
folly 〔명〕 어리석음, 헛짓

메리 셸리는 과학과 인간 본성에 대한 깊은 고민을 다룬 작품들로, 공포와 윤리에 대한 새로운 시각을 제시하였습니다. 《프랑켄슈타인》은 생명을 창조한 과학자의 비극을 통해 과학과 인간 윤리의 경계, 책임과 고독을 탐구한 최초의 SF소설입니다.

Today's Lines
♦♦♦

The starry sky, the sea, and every sight
afforded by these wonderful regions seem
still to have the power of elevating
his soul from earth.
Such a man has a double existence:
he may suffer misery and be overwhelmed
by disappointments,
yet when he has retired into himself,
he will be like a celestial spirit that has
a halo around him, within whose circle
no grief or folly ventures.

Emily Brontë

My love for Linton is like the foliage in the woods:
time will change it, I'm well aware, as winter changes the trees.
My love for Heathcliff resembles the eternal rocks beneath:
a source of little visible delight, but necessary.
Nelly, I am Healthcliff! He's always, always in my mind:
not as a pleasure, any more than I am always a pleasure
to myself, but as my own being.

《Wuthering Heights》

◆◆◆

에밀리 브론테
영국 소설가

린튼에 대한 나(캐서린)의 사랑은 숲속의 나뭇잎과 같아.
겨울이 나무들을 바꾸듯,
사랑도 시간이 지나면 변할 것을 나는 잘 알고 있어.
하지만 히스클리프에 대한 나의 사랑은 밑을 바치는 영원한 바위를 닮았어.
겉으로 보이는 기쁨은 거의 없지만, 꼭 있어야만 하지.
넬리(하녀), 내가 히스클리프 자체야! 그는 언제나, 항상 내 마음속에 있어.
나 자신이 스스로에게 항상 즐거움이 아니듯,
히스클리프도 나에게 즐거움이 아니라 그냥 내 존재 그 자체로 있는 거야.

《폭풍의 언덕》 중에서

---

aware 〔형〕 인지하는
eternal 〔형〕 영원한
beneath 〔부〕 아래의, 밑에 있는
visible 〔형〕 시각적인, 보이는
being 〔명〕 존재

에밀리 브론테는 사랑과 복수, 인간 내면의 어두운 감정을 탐구한 《폭풍의 언덕》을 발표하며 19세기 문학에 독특한 영향을 끼친 작가입니다.

Today's Lines

My love for Linton is like the foliage in the woods: time will change it, I'm well aware, as winter changes the trees. My love for Heathcliff resembles the eternal rocks beneath: a source of little visible delight, but necessary. Nelly, I am Heathcliff! He's always, always in my mind: not as a pleasure, any more than I am always a pleasure to myself, but as my own being.

Walt Whitman

Not I, not any one else can travel that road for you,
You must travel it for yourself.
It is not far, it is within reach,
Perhaps you have been on it since you were born
and did not know,
Perhaps it is everywhere on water and on land.

《Leaves of Grass》

◆◆◆

월트 휘트먼
미국의 대표 시인

나도, 그 누구도 당신을 대신해 그 길을 걸을 수 없네.
그 길은 스스로 걸어야만 한다네.
멀리 있지 않네, 손 닿는 곳에 있네.
아마도 자네가 태어날 때부터 그 길에 있었으나 몰랐을 수도 있다네.
어쩌면 그 길은 물 위, 땅 위, 어디에나 있는지도 모르네.

《풀잎들》 중에서

---

else ㉾ 이외의, 다른
for yourself ㉾ 스스로
within reach ㉾ 닿는 거리 내에

《풀잎들》은 민주주의와 자연, 인간의 다양성을 노래하며 새로운 미국 문학의 기준을 제시한 작품으로 꼽힙니다.

Today's Lines

Not I, not any one else can travel
that road for you,
You must travel it for yourself.
It is not far, it is within reach,
Perhaps you have been on it
since you were born and did not know,
Perhaps it is everywhere
on water and on land.

Michelle Obama

Walk away from 'friendships' that make you feel small and
insecure, and seek out people who inspire you and support you.
Value everyone's contribution, and treat everyone with respect.
Success isn't about how much money you make;
it's about the difference you make in people's lives.

◆◆◆

미셸 오바마
전 퍼스트레이디, 교육 운동가

당신을 초라하고 불안하게 만드는 '우정'은 멀리하고,
당신에게 영감을 주며 당신을 지지하는 사람들을 찾아내라.
누구의 공헌이든 소중히 여기고, 모든 이를 존중하는 태도로 대하라.
성공이란 돈을 얼마나 많이 버는가가 아니라, 사람들의 삶에 어떤 차이를
만들어주는가에 대한 것이다.

| walk away from (숙) ~을 멀리하다
| insecure (형) 불안한
| seek out (숙) 찾아 나서다
| inspire (동) 영감을 주다
| support (동) 지원하다
| contribution (명) 공헌, 기여

우리는 주변 사람들이 미치는 영향을 종종 간과합니다. 흡연, 음주, 비만인 주변인의 습관을 닮을 확률이 50% 더 높다 합니다. 인생은 좋은 습관으로 서로 존중하고 영감을 주기에도 짧습니다. 미셸 오바마는 'Let's Move!' 운동을 통해 어린이 비만 예방과 건강한 삶을 위한 변화를 이끌었습니다. 오늘 나는 누구의 성장을 돕고 있는지 돌아봐야 할 때입니다.

Today's Lines

Walk away from 'friendships' that make you feel small and insecure, and seek out people who inspire you and support you. Value everyone's contribution, and treat everyone with respect. Success isn't about how much money you make; it's about the difference you make in people's lives.

James Matthew Barrie

Doctors sometimes draw maps of other parts of you,
and your own map can become intensely interesting,
but catch them trying to draw a map of a child's mind,
which is not only confused, but keeps going round all the time.
There are zigzag lines on it,
just like your temperature on a card,
and these are probably roads in the island,
for the Neverland is always more or less an island,
with astonishing splashes of color here and there.

《Peter Pan》

---

intensely [부] 강렬하게, 몹시
interesting [형] 흥미로운
catch 사람 ing [숙] 누가 ~하는 걸 우연히 보다
confused [형] 혼란스러운
all the time [숙] 항상
zigzag [명] 갈지자
more or less [숙] 어느 정도, 어떤
astonishing [형] 믿기 힘든
splash [명] 튀긴 얼룩, 끼얹다

Today's Lines

◆◆◆
제임스 매튜 배리
스코틀랜드의 극작가, 소설가

의사들은 가끔 당신의 다른 신체 부위의 지도를 그리는데,
그런 지도가 몹시 흥미로울 수도 있다.
하지만 그들이 아이의 마음 지도를 그리려 애쓰는 걸 우연히 보았다 해보자.
아이의 마음이라는 게 혼란스러울 뿐 아니라, 항상 계속 돌고 돈다.
그 지도에는 마치 체온표처럼 갈지자 선들이 그려져 있을 텐데,
아마도 그것들은 그 섬의 도로일 것이다.
왜냐하면 네버랜드는 언제나, 여기저기 색채가 놀랍도록 흩뿌려져 있는
하나의 어떤 섬이기도 하니까.

《피터 팬》중에서

《피터 팬》은 판타지와 현실의 경계를 허물며 자아와 성장에 대한 깊은 메시지를 전하는 작품입니다. 제임스 매튜 배리는 어른이 된 우리의 마음속 깊숙이 영원히 성장하지 않는 피터 팬과 네버랜드에 대한 그리움을 심어준 작가입니다.

Doctors sometimes draw maps of other
parts of you, and your own map can
become intensely interesting,
but catch them trying to draw a map of
a child's mind, which is not only confused,
but keeps going round all the time.
There are zigzag lines on it,
just like your temperature on a card,
and these are probably roads in the island,
for the Neverland is always
more or less an island,
with astonishing splashes of color
here and there.

Edgar Allan Poe

For the moon never beams without bringing me dreams
Of the beautiful Annabel Lee;
And the stars never rise but I feel the bright eyes
Of the beautiful Annabel Lee;
And so, all the night-tide, I lie down by the side
Of my darling-my darling- my life and my bride,
In the sepulchre there by the sea,
In her tomb by the sounding sea.

《Annabel Lee》

---

beam 동 빛을 발산하다
never A without(=but) B 숙 A하면 반드시 B한다
tide 명 물결, 어떤 시간대
sepulchre 명 동굴처럼 파놓은 묘소
tomb 명 무덤

Today's Lines

에드거 앨런 포우
현대 추리 소설의 기틀을 마련한 작가

달빛이 비출 때면
아름다운 애너벨 리가 내 꿈속에 찾아오고
별빛이 떠오를 때면
아름다운 애너벨 리의 눈부신 눈길이 느껴지네.
이에 온밤을, 나는 그녀 곁에 누워 있네.
내 사랑, 내 사랑, 내 생명, 내 신부 곁에,
바닷가 옆 그 묘소에서,
파도 소리 옆 그녀의 무덤에서.

《애너벨 리》 중에서

19세기 미국 문학을 대표하는 작가 포우는 《애너벨 리》, 《검은 고양이》, 《어셔가의 몰락》 등의 공포와 환상, 심리적 깊이를 보여주는 작품들을 남겼습니다. 《애너벨 리》는 죽은 연인을 향한 영원한 사랑을 담은 비극적이면서도 아름다운 시입니다.

For the moon never beams
without bringing me dreams
Of the beautiful Annabel Lee;
And the stars never rise
but I feel the bright eyes
Of the beautiful Annabel Lee;
And so, all the night-tide,
I lie down by the side
Of my darling—my darling—
my life and my bride,
In the sepulchre there by the sea,
In her tomb by the sounding sea.

LLyman Frank Baum

Both Dorothy and the Scarecrow had been greatly interested in the story of the Tin Woodman, and now they knew why he was so anxious to get a new heart.
"All the same," said the Scarecrow,
"I shall ask for brains instead of a heart; for a fool would not know what to do with a heart if he had one."
"I shall take the heart," returned the Tin Woodman;
"For brains do not make one happy, and happiness is the best thing in the world."

《The Wonderful Wizard of Oz》

interested 〔형〕 관심 있는
be anxious to 〔숙〕 ~하려고 조바심 내다
heart 〔명〕 가슴, 심장
ask for 〔숙〕 ~을 요청하다
instead of 〔숙〕 ~대신에
return 〔동〕 돌아오다, 답을 주다

Today's Lines

라이먼 프랭크 바암
미국 동화 작가

도로시와 허수아비는 둘 다 양철 나무꾼의 이야기에 크게 흥미를 느꼈다.
이제 그가 왜 새 심장을 그렇게 간절히 원하는지 그들은 알았다.
"그래도 여전히."
허수아비가 말했다.
"나는 심장 대신 두뇌를 달라고 할 거야.
바보는 심장이 있어도 그걸로 뭘 해야 할지 모를 테니까."
"나는 심장을 선택할 거야."
양철 나무꾼이 대답했다.
"왜냐하면 두뇌는 (그 사람을) 행복하게 만들지 못하잖아.
그리고 행복이 세상에서 가장 중요한데 말이야."

《오즈의 마법사》 중에서

라이먼 프랭크 바암은 《오즈의 마법사》라는 전설적인 판타지 작품을 발표하며 세계적인 동화 작가가 되었습니다. 《오즈의 마법사》는 도로시와 친구들이 용기와 우정을 통해 역경을 극복하며 마침내 집으로 돌아오게 되는 이야기입니다.

Both Dorothy and the Scarecrow had been greatly interested in the story of the Tin Woodman, and now they knew why he was so anxious to get a new heart.
"All the same," said the Scarecrow, "I shall ask for brains instead of a heart, for a fool would not know what to do with a heart if he had one."
"I shall take the heart," returned the Tin Woodman; "for brains do not make one happy, and happiness is the best thing in the world."

Henry David Thoreau

Love your life, poor as it is.
You may perhaps have some pleasant, thrilling, glorious hours,
even in a poor-house.
The setting sun is reflected from the windows of
the alms-house as brightly as from the rich man's abode;
the snow melts before its door as early in the spring.
I do not see but a quiet mind may live as contentedly there,
and have as cheering thoughts,
as in a palace.

《Walden》

---

as it is 〔숙〕 있는 그대로
thrilling 〔형〕 가슴 떨리는
glorious 〔형〕 영광스러운
poor-house 〔명〕 구빈원(정부 지원 빈촌)
reflect 〔동〕 비치다, 반사하다
alms-house 〔명〕 정부 제공 집단 거주지
abode 〔명〕 거소, 거주지
contentedly 〔부〕 만족스럽게
cheering 〔형〕 환호하는, 힘 나는

Today's Lines

헨리 데이비드 소로
미국 문학과 사상에 큰 영향을 미친 사상가, 작가

가난한 대로 네 삶을 사랑하라.
가난한 집(구빈원)에서도 유쾌하고, 가슴 떨리며,
찬란한 시간들을 어떻게든 가질 수 있다.
석양은 부잣집의 창문뿐만 아니라, 빈민가의 창에도 똑같이 밝게 비치며,
봄이면 그 문 앞의 눈도 늦지 않게 똑같이 녹아내린다.
고요한 마음을 가진 이는
빈민가에서도 궁전만큼이나 만족스럽고
기운을 북돋는 생각으로 살 수 있다고 나는 본다.

《월든》 중에서

> 소로는 하버드대학을 졸업한 후 얻은 높은 명성을 뒤로하고, 월든 호숫가에 직접 나무집을 짓고 살아가며 단순한 삶과 자아 성찰의 가치를 《월든》이라는 책 한 권에 담아냈습니다. 《월든》은 인도 독립의 아버지 마하트마 간디가 가장 감명 깊게 읽은 책으로 꼽기도 했습니다.

Love your life, poor as it is.
You may perhaps have some pleasant,
thrilling, glorious hours,
even in a poor-house.
The setting sun is reflected from
the windows of the alms-house
as brightly as from the rich man's abode,
the snow melts before its door
as early in the spring.
I do not see but a quiet mind may live
as contentedly there,
and have as cheering thoughts,
as in a palace.

F. Scott Fitzgerald

His heart beat faster as Daisy's white face came up to his own.
He knew that when he kissed this girl,
and forever wed his unutterable visions to her perishable breath,
his mind would never romp again like the mind of God.
So he waited, listening for a moment longer to the tuning-fork
that had been struck upon a star.
Then he kissed her.
At his lips' touch she blossomed for him like a flower
and the incarnation was complete.

《The Great Gatsby》

---

beat 동 박동하다, 뛰다
wed A to B 숙 B에 A를 결합하다
unutterable 형 밝힐 수 없는
perishable 형 사라지기 쉬운
romp 동 신나게 놀다, 날뛰다
tuning-fork 명 조음기구
struck 동 타격을 받은 (strike의 과거)
incarnation 명 화신, 생애
complete 형 완전한, 완성된

Today's Lines

에프 스콧 피츠제럴드
미국의 대표 소설가

데이지의 창백한 얼굴이 그의 얼굴 가까이 다가오자 그의 심장은 빠르게 뛰었다.
그가 그녀에게 키스하는 순간, 그녀의 덧없는 숨결과 입 밖에 낼 수 없는 그의 비전들이
영원히 묶이게 될 테고, 그의 마음은 더 이상 신처럼 자유자재로 날뛸 수 없을 것이다.
그래서 그는, 별에 울려 퍼진 음조에 귀를 기울이며 잠시 더 기다렸다.
그러고는 그녀에게 키스했다.
그의 입술이 닿는 순간, 그녀는 그를 위해 꽃처럼 피어났고,
기다렸던 그 화신은 완성이 되었다.

《위대한 개츠비》 중에서

> 피츠제럴드는 20세기 초 미국 사회의 물질주의와 허무주의를 비판하며 '재즈 시대'를 이끈 소설가입니다. 그의 대표작 《위대한 개츠비》는 1920년대 미국의 황금기를 배경으로 사랑과 꿈, '아메리칸드림'의 허상을 흥미진진하게 다루고 있고, 영화로 만들어지기도 했습니다.

His heart beat faster
as Daisy's white face came up to his own.
He knew that when he kissed this girl,
and forever wed his unutterable visions
to her perishable breath, his mind would
never romp again like the mind of God.
So he waited, listening for a moment
longer to the tuning-fork that had been
struck upon a star.
Then he kissed her.
At his lips' touch she blossomed for him
like a flower and the incarnation was
complete.

*We don't really
learn anything properly
until there is a problem,
until we are in pain,
until something fails
to go as we had hoped.*

Chapter
3

어떤 문제가 생기고, 고통을 겪고,

기대하던 일이 잘 풀리지 않고 나서야,

우리는 정말로 뭐든 제대로 배우게 된다.

Adversity · Perseverance · Overcoming
역경　　　　　　인내　　　　　　극복

나를 성장시키는
고품격 어휘와 표현 익히기

이 책 속에 담긴 100가지 명문장 속에는 때론 수 세기에 걸쳐
읽히고 쓰이며 전해진 삶의 정수가 담겨 있습니다.
단어 하나, 문장 한 줄도 놓치지 말고 모두 내 것으로 가져가세요.

**명문장 속에서
자주 눈에 띄는
품격 있는 어휘**

고전이 고전으로 불리는 이유는 오랜 시간 동안 수많은 사람들에게 그 가치를 인정받았기 때문입니다. 작품 속에 담긴 고급 어휘와 아름다운 묘사를 읽고 필사하는 즐거움도 크지만, 그 속에 숨어 있는 작가들의 삶에 대한 깊이 있는 통찰과 교감하는 설렘은 훨씬 더 크죠.

예를 들어, 'Whatever life you lead, you must put your soul in it. 어떤 삶을 살든, 반드시 그 삶에 영혼을 쏟아부어야 한다.'라는 표현은 대충 살고자 하는 마음에 경종을 울려줍니다. 동시에 이런 표현은 현대 영어에서도 '뭐든(Whatever)!'처럼 자주 쓰이니 익혀 두면 활용도가 높습니다.

또한, 중요한 단어는 명언이나 문학 작품을 가리지 않고 반복적으로 등장합니다. 예를 들어, 교육(education)의 중요성은 프랭클린 루스벨트, 넬슨 만델라, 시몬 볼리바르, 버락 오바마, 코코 샤넬, 말랄라 유사프자이의 명언뿐 아니라 샬럿 브론테의 《제인 에어》에서도 강조됩니다. 이런 필수 단어들은 어떤 작품이나 원서를 읽더라도 계속 마주하게 되므로 자연스럽게 복습이 될 테고요.

명문장 속에서 쉽게 배우는 멋진 표현

우리가 누군가에게 조언을 해주려고 할 때 정성을 들여 준비하듯, 위인들의 명언 속에는 그들의 삶과 정신세계가 고스란히 담긴 호소력 있고 강렬한 표현들이 가득합니다. 예를 들어 편견을 깨기 위해 자주 쓰이는 'There's no such thing as~ 세상에 ~라는 것은 없어'라는 표현은 힐러리 클린턴의 명언과 알랭 드 보통의 에세이, 오스카 와일드의 고전 작품에도 똑같이 등장합니다. 또 다른 예로 'those who~ ~하는 사람들'이라는 표현은 프랭클린 루스벨트, 빌 게이츠, 알프레드 아들러, 프리드리히 니체, 조지 워싱턴, 레오나르도 다빈치, 닐 드그래스 타이슨의 문장 속에 모두 등장합니다. 한 사람을 지칭하는 'he who~ ~하는 사람'이라는 표현 역시 톨스토이와 조나단 스위프트의 작품에 등장하죠. 이런 표현들은 무게감 있게 사람(들)의 성향을 보여줄 때 많이 사용합니다.

Leo Tolstoy

Man can be master of nothing while he fears death, but he who does not fear it possesses all. If there were no suffering, man would not know his limitations, would not know himself. The hardest thing (Pierre went on thinking, or hearing, in his dream) is to be able in your soul to unite the meaning of all. To unite all?

《War and Peace》

◆◆◆

레오 톨스토이
러시아 문학의 거장

사람이 죽음을 두려워할 때는, 그 어떤 것도 지배할 수 없다.
하지만 죽음을 두려워하지 않는 자는 모든 것을 다 가진다.
고난이 없다면 인간은 자신의 한계를 알지 못할 테고, 그 자신을 알지도 못할 것이다.
가장 어려운 것은 (피에르가 꿈속에서 계속 생각하거나 들었듯) 영혼 속에서 이 모든 것들의 의미를 하나로 합치는 것이다. 모든 것을 합친다고?

《전쟁과 평화》 중에서

---

he who 㤖 ~하는 사람
possess 㢲 소유하다
suffering 㡣 고통
limitation 㡣 한계
go on ~ing 㤖 계속 ~하다
unite 㢲 합하다

톨스토이는 인간 본성, 도덕적 갈등, 철학적 통찰을 탐구한 작품들로 전 세계적으로 가장 큰 영향력을 미친 작가입니다. 《전쟁과 평화》는 나폴레옹 전쟁 시기를 배경으로 인간의 삶과 사랑, 전쟁의 복잡한 관계를 풀어낸 대서사시입니다.

Today's Lines

♦♦♦

Man can be master of nothing while he fears death, but he who does not fear it possesses all. If there were no suffering, man would not know his limitations, would not know himself. The hardest thing (Pierre went on thinking, or hearing, in his dream) is to be able in your soul to unite the meaning of all. To unite all?

Sigmund Freud

Words have magical power.
They can either bring the greatest happiness
or the deepest despair.
Unexpressed emotions will never die;
they are buried alive and will come forth later in uglier ways.
History is just new people making old mistakes.
From error to error, one discovers the entire truth.

◆◆◆

지그문트 프로이트
심리학자, 정신분석학 창시자

말에는 마법의 힘이 있다.
말은 가장 큰 행복이나 가장 깊은 절망을 가져올 수도 있다.
드러내지 않은 감정들은 절대 없어지지 않는다.
그 감정들은 산 채로 묻혀 있다가 나중에 더 추한 방식으로 나타날 것이다.
역사는 단지 새로운 사람들이 반복해서 하는 오래된 실수일 뿐이다.
실수를 반복하면서 우리는 온전한 진실을 찾게 된다.

either A or B [숙] A와 B 둘 중 하나
despair [명] 절망
unexpressed [형] 표현되지 않은
emotion [명] 감정
bury [동] 파묻다
come forth [숙] 앞으로 나타나다
discover [동] 발견하다
entire [형] 전체의

인간은 쉽고 빠른 답을 원하고, 그 답이 영원하길 바랍니다. 이는 생존 본능에서 비롯된 자연스러운 욕구죠. 하지만 이런 본질을 깨닫고 자신의 무의식과 감정을 깊이 들여다볼 때 비로소 진정한 성장이 시작됩니다. 프로이트는 무의식과 어린 시절 경험이 성격에 미치는 영향을 연구하며, 정신분석학을 창시해 인간 내면 탐구에 큰 공헌을 했습니다.

Today's Lines

Words have magical power. They can either bring the greatest happiness or the deepest despair. Unexpressed emotions will never die; they are buried alive and will come forth later in uglier ways.
History is just new people making old mistakes. From error to error, one discovers the entire truth.

Nathaniel Hawthorne

The stigma gone, Hester heaved a long, deep sigh, in which the burden of shame and anguish departed from her spirit.
O exquisite relief!
She had not known the weight, until she felt the freedom!
By another impulse, she took off the formal cap that confined her hair.

《The Scarlet Letter》

◆◆◆

너새니얼 호손
미국 소설가

낙인이 사라지자, 헤스터는 길고 깊은 한숨을 힘들게 내쉬었고,
그 한숨 속에 수치심과 고통의 짐이 그녀의 영혼을 떠났다.
아, 말로 표현할 수 없는 해방감이여!
그녀는 자유를 느끼기 전까지 그 무게를 알지 못했다!
또 다른 충동으로 그녀는 자신의 머리카락을 억누르고 있던 모자를 벗어 던졌다.

《주홍 글씨》 중에서

stigma 명 오명, 낙인
heave 동 힘들게 내쉬다
in which 숙 그 안에서
anguish 명 고통
exquisite 형 오묘한, 강렬한
impulse 명 충동
confine 동 가두다, 억누르다

17세기 청교도 사회를 배경으로 한 《주홍 글씨》는 사회적 위선, 인간관계의 갈등 그리고 강인한 의지를 다루며, 21세기에도 여전히 공감되는 메시지로 사랑받는 고전 걸작입니다.

Today's Lines

The stigma gone, Hester heaved a long,
deep sigh, in which the burden of shame
and anguish departed from her spirit.
O exquisite relief! She had not known
the weight, until she felt the freedom!
By another impulse, she took off
the formal cap that confined her hair.

Abraham Lincoln

Great men are ordinary men with extraordinary determination.
If you have never failed, you have never lived.
A day spent helping no one but yourself is a day wasted.
Teach the children so it will not be necessary
to teach the adults.

◆◆◆

에이브러햄 링컨
노예 해방을 이뤄낸 제16대 미국 대통령

위대한 사람이란 비범한 결단력을 가진 평범한 사람들이다.
만약 당신이 한 번도 실패해본 적이 없다면, 당신은 제대로 산 적이 없는 것이다.
자신 이외에 아무도 돕지 않은 하루는 낭비된 하루다.
아이들을 가르쳐라. 그러면 어른들을 가르칠 필요가 없어질 것이다.

- ordinary 〔형〕 평범한
- extraordinary 〔형〕 비범한
- determination 〔명〕 결단력
- but 〔전〕 제외하고
- wasted 〔형〕 낭비된
- necessary 〔형〕 필요한

아기가 걸음마를 배울 때 넘어지는 것을 부모는 자연스럽게 받아들입니다. 삶도 마찬가지로, 실패를 경험해야 비로소 성장과 변화가 생깁니다. 처음부터 위대한 사람은 없으며, 교육이 중요한 이유도 여기에 있죠. 돕는 기쁨을 배운 사람만이 타인을 돕고 건강한 사회를 만듭니다. 링컨 역시, 노예제 폐지와 인권 향상을 위해 싸우며 이러한 가치를 강조했고요.

Today's Lines
♦♦♦

Great men are ordinary men with
extraordinary determination.
If you have never failed,
you have never lived.
A day spent helping no one
but yourself is a day wasted.
Teach the children so it will not be
necessary to teach the adults.

Alain de Botton

We don't really learn anything properly until there is a problem,
until we are in pain, until something fails to go
as we had hoped.
We suffer; therefore, we think.
Everyone wants a better life;
very few of us want to be better people.
There is no such thing as work-life balance.
Everything worth fighting for unbalances your life.

❖❖❖

알랭 드 보통
철학자, 작가

어떤 문제가 생기고, 고통을 겪고, 기대하던 일이 잘 풀리지 않고 나서야,
우리는 정말로 뭐든 제대로 배우게 된다.
우리는 고통을 겪는다. 고로 생각하게 된다.
모든 사람은 더 나은 삶을 원하지만, 더 나은 사람이 되려고 하는 이는 거의 없다.
일과 삶의 균형 따위란 없다.
싸울 가치가 있는 모든 것은 당신의 삶을 불균형하게 만든다.

properly 〔부〕 제대로
until 〔접〕 ~할 때까지
as 〔접〕 ~대로
suffer 〔동〕 고생하다
therefore 〔부〕 그러므로
there is no such thing as 〔숙〕 ~같은 건 없다

누구나 꽃길만 걷기를 바라지만, 현실엔 늘 고난이 따릅니다. 그래서 문제를 대하는 자세를 바꿀 때 삶은 크게 성장하죠. 칼에 베일까 두려워하면 요리를 할 수 없듯, 고난 없이는 발전도 없습니다. 알랭 드 보통은 진정한 행복과 삶의 균형은 철학적 사고로 삶을 풍요롭게 하는 데서 나온다고 말합니다. 결국 문제를 보는 시각이 우리의 삶의 질을 좌우합니다.

Today's Lines

♦♦♦

We don't really learn anything properly until there is a problem, until we are in pain, until something fails to go as we had hoped.
We suffer, therefore, we think.
Everyone wants a better life,
very few of us want to be better people.
There is no such thing as work-life balance. Everything worth fighting for unbalances your life.

Robert Louis Stevenson

I sat in the sun on a bench; the animal within me licking the chops of memory; the spiritual side a little drowsed, promising subsequent penitence, but not yet moved to begin. After all, I reflected, I was like my neighbors; and then I smiled, comparing myself with other men, comparing my active good-will with the lazy cruelty of their neglect.

《Dr. Jekyll and Mr. Hyde》

❖❖❖

로버트 루이스 스티븐슨
다양한 장르의 걸작을 남긴 영국 소설가

나는 햇빛 아래 벤치에 앉았다. 내 안의 동물적 본능은 기억의 잔재로 입맛을 다시고 있었고, 영적인 면은 약간 침잠한 상태로, 곧 참회하겠다고 약속했지만, 아직 참회를 시작할 기미도 없었다. 결국에 나는 내 이웃들과 비슷하다는 생각이 들었다. 그리고 나서 나 자신을 다른 사람들과 비교하고, 내 적극적인 선의와 그들의 게으르고 잔혹한 방임을 나란히 떠올리며, 나는 미소를 지었다.

《지킬 박사와 하이드》 중에서

- lick 동 핥다
- chops 명 동물의 입 주위
- drowsed 형 졸린, 침잠한
- subsequent 형 바로 이어지는
- reflect 동 떠올리다, 반사하다
- cruelty 명 잔혹함
- neglect 명 방치, 소홀

모험 소설 《보물섬》으로 유명한 로버트 루이스 스티븐슨은 전혀 다른 장르의 고딕 소설 《지킬 박사와 하이드》를 발표하며 인간이 가진 선과 악, 두 얼굴을 통해 인간 본능의 갈등을 이야기했습니다. 고딕 소설은 중세를 배경으로 공포스러운 신비감을 자아내는 작품을 말합니다.

Today's Lines
♦♦♦

I sat in the sun on a bench; the animal
within me licking the chops of memory,
the spiritual side a little drowsed,
promising subsequent penitence,
but not yet moved to begin.
After all, I reflected, I was like
my neighbors; and then I smiled, comparing
myself with other men, comparing
my active good-will with the lazy cruelty
of their neglect.

H.G. Wells

It is a law of nature we overlook,
that intellectual versatility is the compensation for change,
danger, and trouble.
An animal perfectly in harmony with its environment
is a perfect mechanism.
Nature never appeals to intelligence until habit and
instinct are useless.
There is no intelligence where there is no change and
no need of change.

《The Time Machine》

law of nature 〔숙〕 자연의 법칙
intellectual 〔형〕 지적인
versatility 〔명〕 다양성
compensation 〔명〕 보상
environment 〔명〕 환경
mechanism 〔명〕 기전, 기계장치
appeal to 〔숙〕 ~에 호소하다
intelligence 〔명〕 지성, 지능
instinct 〔명〕 본능
useless 〔형〕 쓸모없는

Today's Lines

에이치 지 웰스
과학 소설의 아버지로 불리는 영국 소설가

우리가 흔히 간과하는 자연의 법칙이 있다.
그건 바로 변화와 위험 그리고 역경에 대한 보상으로서
지적 다양성이 존재한다는 것이다.
환경과 완벽히 조화를 이루는 동물은 단지 완벽한 기계장치일 뿐이다.
습관과 본능이 쓸모없어졌을 때 비로소 자연은 지성에 호소한다.
변화가 없고, 변화의 필요가 없는 곳에서는 지성도 존재하지 않는다.

《타임머신》 중에서

> 웰스는 《타임머신》, 《투명 인간》 등의 과학 소설을 발표하며 현대 SF문학에 지대한 영향을 미쳤습니다. 《타임머신》은 시간여행자를 통해 미래 사회의 몰락과 인간의 본성을 묘사한 초기 과학 소설의 걸작으로 손꼽히는 작품입니다.

It is a law of nature we overlook,
that intellectual versatility is
the compensation for change,
danger, and trouble.
An animal perfectly in harmony
with its environment is a perfect
mechanism.
Nature never appeals to intelligence
until habit and instinct are useless.
There is no intelligence where
there is no change and no need of change.

Virginia Woolf

There is a dignity in people; a solitude; even between husband and wife a gulf; and that one must respect, thought Clarissa, watching him open the door; for one would not part with it oneself, or take it, against his will, from one's husband, without losing one's independence, one's self-respect -something, after all, priceless.

《Mrs. Dalloway》

◆◆◆

버지니아 울프
여성의 자아와 인간의 내면세계를 혁신적으로 탐구한 모더니즘 작가

사람들에게는 품위가 있다. 고독도 있다. 심지어 부부간에도 깊은 간격이 존재한다. 그리고 문을 여는 그의 모습을 보며, 그 간격은 존중해야 한다고 클라리사는 생각했다. 왜냐하면 그 간격을 스스로 포기하지는 않을 테고, 남편의 의지에 반하여 그것을 빼앗으려 한다면 자신의 독립성이나 자존감을 잃게 되기 때문이다.
결국 그건 값어치를 매길 수 없다.

《댈러웨이 부인》 중에서

- dignity 몡 품위, 존엄
- solitude 몡 고독
- gulf 몡 만, 큰 간극
- respect 통 존중하다
- ~ for 접 왜냐하면
- part with 숙 ~와 헤어지다, 포기하다
- self-respect 몡 자존감, 자기 존중

《댈러웨이 부인》은 하루 동안의 사건을 통해 인간의 내적 의식과 사회적 억압을 섬세하게 묘사한 소설입니다. 주인공의 내면 의식이 흐르는 대로 이야기가 전개되는 의식의 흐름 기법을 잘 보여주는 모더니즘 작품입니다.

Today's Lines
♦♦♦

There is a dignity in people, a solitude; even between husband and wife a gulf, and that one must respect, thought Clarissa, watching him open the door; for one would not part with it oneself, or take it, against his will, from one's husband, without losing one's independence, one's self-respect —something, after all, priceless.

Friedrich Nietzsche

Sometimes people don't want to hear the truth
because they don't want their illusions destroyed.
You have your way, I have my way.
As for the right way, the correct way,
and the only way, they do not exist.
Nobody is more inferior to those who insist on being equal.

◆◆◆

프리드리히 니체
실존주의 철학자

때때로 사람들은 진실을 듣고 싶어 하지 않는다.
왜냐하면 자신들의 환상이 파괴되는 걸 원하지 않기 때문이다.
당신에게는 당신만의 길, 나에게는 나만의 길이 있다.
그럼 올바른 길, 정확한 길 그리고 유일한 길은? 그런 건 존재하지 않는다.
평등하기를 고집하는 사람들보다 더 열등한 사람은 없다.

illusion 몡 환상	
destroy 동 파괴하다	
as for 숙 ~에 관해서는	
correct 혱 정확한	
inferior to 숙 ~보다 열등한	
insist on ~ing 숙 ~하기를 고집하다	

인간은 공정함을 추구하지만, 믿고 싶은 것만 믿으며 자신만 옳다고 여기는 모순된 존재입니다. 그러나 틀릴 수 있음을 인정하고 편견을 깰 때 세상은 더 공정해집니다. 다만, 기회의 평등이 곧 능력의 평등을 의미하지는 않죠. 니체가 개인이 스스로를 극복하며 성장해야 한다는 '초인' 개념을 제시한 이유도 바로 여기에 있을 겁니다.

Today's Lines

Sometimes people don't want to hear
the truth because they don't want
their illusions destroyed.
You have your way, I have my way.
As for the right way, the correct way,
and the only way, they do not exist.
Nobody is more inferior to those who
insist on being equal.

Herman Melville

Consider also the devilish brilliance and beauty of many of its most remorseless tribes, as the dainty embellished shape of many species of sharks. Consider, once more, the universal cannibalism of the sea; all whose creatures prey upon each other, carrying on eternal war since the world began.

《Moby-Dick or the Whale》

❖❖❖

허먼 멜빌
미국 문학의 전환점을 이룬 작가

또한 가장 무자비한 종족들, 예를 들어 미묘하게 장식된 형태의 많은 상어에게 보이는 악마적인 찬란함과 아름다움 생각해보라. 다시 한번, 바다의 먹고 먹히는 이 보편적인 풍습을 생각해보라. 바다의 모든 생명체는 세상이 시작된 이래로 영원한 전쟁을 계속해오며, 서로를 먹이로 삼고 있다.

《모비딕》 중에서

---

remorseless 형 무자비한
tribe 명 부족
embellished 형 장식된
species 명 종족
cannibalism 명 식인주의
prey upon(=on) 숙 ~을 먹이로 삼다

《모비딕》은 거대한 고래를 쫓는 선장의 집착을 중심으로, 인간의 운명과 미약함, 자연의 위대함을 다룬 소설입니다. 허먼 멜빌은 포경선 선원 그리고 해군으로 복무하며 5년 가까이 남태평양을 누빈 경험으로 《모비딕》을 탄생시켰습니다.

Today's Lines
♦♦♦

Consider also the devilish brilliance and beauty of many of its most remorseless tribes, as the dainty embellished shape of many species of sharks.
Consider, once more, the universal cannibalism of the sea;
all whose creatures prey upon each other, carrying on eternal war since the world began.

Lewis Carroll

"Come, my head's free at last!" said Alice in a tone of delight, which changed into alarm in another moment, when she found that her shoulders were nowhere to be found: all she could see, when she looked down, was an immense length of neck, which seemed to rise like a stalk out of a sea of green leaves that lay far below her.

《Alice's Adventures in Wonderland》

◆◆◆

루이스 캐럴
세계적인 동화 작가

"아, 드디어 머리가 자유로워졌어!" 앨리스가 기쁨에 찬 어조로 말했다.
하지만 그다음 순간, 그녀의 어깨가 어디에도 보이지 않는 것을 알고는
기쁨은 충격으로 바뀌었다.
아래를 내려다보았을 때, 그녀가 볼 수 있었던 건 엄청나게 긴 목뿐이었다.
그 목은 마치 그녀에게서 멀리 아래로 펼쳐진 초록색 잎들의 바다에서 줄기처럼
솟아오르는 것 같았다.

《이상한 나라의 앨리스》 중에서

---

delight 명 큰 기쁨
nowhere to be found 숙 사라진
look down 숙 내려다보다
immense 형 거대한, 엄청난
stalk 명 줄기
far below 숙 멀리 밑에

루이스 캐럴은 언어유희와 논리 게임을 동화에 담아 현대문학의 새 길을 연 작가입니다. 《이상한 나라의 앨리스》는 소녀 앨리스가 기묘한 세계를 모험하며 상상력과 기발함을 보여주는 작품으로, 아이와 어른 모두에게 오랫동안 사랑받는 고전입니다.

Today's Lines

"Come, my head's free at last!" said Alice in a tone of delight, which changed into alarm in another moment, when she found that her shoulders were nowhere to be found: all she could see, when she looked down, was an immense length of neck, which seemed to rise like a stalk out of a sea of green leaves that lay far below her.

Thomas Hardy

The past was past; whatever it had been, it was no more at hand.
Whatever its consequences, time would close over them;
they would all in a few years be as if they had never been, and
she herself grassed down and forgotten.
Meanwhile the trees were just as green as before;
the birds sang and the sun shone as clearly now as ever.

《Tess of the d'Urbervilles》

◆◆◆

토마스 하디
영국 소설가, 시인

과거는 과거일 뿐이었다. 그것이 어찌 되었든, 더 이상 손에 닿지 않는 곳에 있었고,
결과가 어떻든 시간은 그 모든 것을 덮어버릴 것이다. 몇 년이 지나면 모든 것은 마치
존재하지 않았던 것처럼 될 것이고, 그녀 또한 풀밭 아래 묻혀 잊혀질 것이다.
그 사이에도 나무는 예전처럼 푸르고, 새들은 노래하며, 태양은 언제나처럼 밝게 빛났다.

《더버빌가의 테스》 중에서

---

at hand 〔숙〕 가까이 있는
consequence 〔명〕 뒤따른 결과
as if 〔숙〕 마치 ~처럼
meanwhile 〔부〕 그 사이에
grass 풀에 묻다(고어체)
shone 〔명〕 빛나다(shine의 과거)

《더버빌가의 테스》는 한 여성의 비극적 운명을 통해 빅토리아 시대의 사회적 억압과 도덕적 이중성을 고발한 작품입니다.

Today's Lines

♦♦♦

The past was past, whatever it had been, it was no more at hand.
Whatever its consequences, time would close over them; they would all in a few years be as if they had never been, and she herself grassed down and forgotten. Meanwhile the trees were just as green as before; the birds sang and the sun shone as clearly now as ever.

T. S. Eliot

April is the cruellest month, breeding
Lilacs out of the dead land, mixing
Memory and desire, stirring
Dull roots with spring rain.
Winter kept us warm, covering
Earth in forgetful snow, feeding
A little life with dried tubers.

《Waste Land》

◆◆◆

티 에스 엘리엇
모더니즘 시인

4월은 가장 잔인한 달,
죽은 땅에서 라일락을 피워내고,
기억과 욕망을 뒤섞으며,
무뎌진 뿌리를 봄비로 흔드네.
겨울은 우리를 따스하게 했지,
망각의 눈雪으로 대지를 덮으며,
마른 덩이줄기로 작은 생명을 키우네.

《황무지》 중에서

| cruel 형 잔인한
| breed 동 키우다
| stir 동 휘젓다
| dull 형 무딘, 지루한
| feed 동 먹이다
| tuber 명 땅속 덩이줄기(감자, 고구마)

모더니즘 시의 선구자로 불리는 엘리엇의 《황무지》는 현대 사회의 혼란과 인간성 상실을 상징적으로 표현해 문명의 위기를 혁신적으로 담아낸 시입니다.

Today's Lines
◆◆◆

April is the cruellest month, breeding
Lilacs out of the dead land, mixing
Memory and desire, stirring
Dull roots with spring rain.
Winter kept us warm, covering
Earth in forgetful snow, feeding
A little life with dried tubers.

William Butler Yeats

Turning and turning in the widening gyre
The falcon cannot hear the falconer;
Things fall apart; the centre cannot hold;
Mere anarchy is loosed upon the world,
The blood-dimmed tide is loosed, and everywhere
The ceremony of innocence is drowned;
The best lack all conviction, while the worst
Are full of passionate intensity.

《The Second Coming》

---

gyre 명 소용돌이
falcon 명 매
loose 동 풀어주다(loosen의 고어체)
anarchy 명 무정부 상태, 혼돈
ceremony 명 의식, 제식
conviction 명 강한 신념
intensity 명 강렬함, 강도

Today's Lines

윌리엄 버틀러 예이츠
노벨문학상 수상자, 아일랜드 시인

점점 더 넓어지는 소용돌이 속으로 돌고 또 돌며
매는 주인의 소리를 듣지 못하네.
모든 것이 무너져 내리고, 중심은 버틸 수 없으며
단지 혼돈만이 세상에 퍼지네.
핏빛 물결이 펼쳐져, 어디에나
순수의 제식은 물에 잠기네.
최고의 이들은 모든 신념을 상실하네.
반면 최악의 이들은 열정적인 강렬함으로 가득 차 있네.

《두 번째 강림》 중에서

20세기 시문학의 혁신적인 변화를 이끈 예이츠는 세계에서 가장 유명한 시인이기도 합니다. 그의 《두 번째 강림》은 1차 세계대전과 아일랜드 독립전쟁이라는 두 개의 커다란 사건을 목도하며, 시대의 불안, 인간 본성의 어둠, 혼란과 폭력으로 치닫는 세상을 예언적 색채로 묘사한 작품입니다.

Turning and turning in the widening gyre
The falcon cannot hear the falconer;
Things fall apart; the centre cannot hold;
Mere anarchy is loosed upon the world,
The blood-dimmed tide is loosed,
and everywhere
The ceremony of innocence is drowned;
The best lack all conviction, while the worst
Are full of passionate intensity.

Steven Pinker

Without goals, the very concept of intelligence is meaningless.
I would argue that nothing gives life more purpose than
the realization that every moment of consciousness is
a precious and fragile gift.
Most wars are not fought over shortages of resources such as
food and water, but rather over conquest, revenge, and ideology.

◆◆◆

스티븐 핑커
하버드 심리학과 교수, 퓰리처상 2회 수상자

목표가 없으면, 지능이라는 개념 자체가 무의미하다.
나는 "의식의 매 순간이 소중하지만 깨지기 쉬운 선물이라는 걸 깨닫는 것만큼,
삶에 더 큰 목적을 주는 것이 없다."라고 말하고 싶다.
대부분의 전쟁은 음식과 물 같은 자원의 부족 때문이라기보다는,
정복, 복수, 이념을 두고 벌어진다.

---

very 형 바로 그 부 아주
meaningless 형 무의미한
argue 동 논쟁하다
consciousness 명 의식
precious 형 소중한
shortage 명 부족
but rather 숙 ~라기보다는 ~이다

우리의 99% 삶은 이성보다는 자동화된 습관과 무의식에 의해 결정됩니다. 그래서 명확한 목표는 우리의 의식과 삶에 큰 영향을 미치죠. 하지만 동시에 이성과 감정이 얽힌 이해할 수 없는 결정도 일어납니다. 이런 두뇌의 이중성과 모순을 이해하면 고통을 줄일 수 있습니다. 스티븐 핑커가 "의식의 모든 순간이 깨지기 쉬운 소중한 선물"이라 말한 이유도 이 때문입니다.

Today's Lines

Without goals, the very concept of intelligence is meaningless.
I would argue that nothing gives life more purpose than the realization that every moment of consciousness is a precious and fragile gift.
Most wars are not fought over shortages of resources such as food and water, but rather over conquest, revenge, and ideology.

Henry James

Whatever life you lead you must put your soul in it
-to make any sort of success of it;
and from the moment you do that it ceases to be romance,
I assure you: it becomes grim reality!
And you can't always please yourself;
you must sometimes please other people.
That, I admit, you're very ready to do;
but there's another thing that's still more important
-you must often displease others.

《The Portrait of a Lady》

---

lead (동) 이끌다, 인도하다
sort (명) 종류
cease (동) 멈추다
assure (동) 장담하다
grim (형) 무시무시한
please (동) 만족시키다
admit (동) 인정하다
displease (동) 실망시키다

Today's Lines

헨리 제임스
근대 사실주의 문학을 이끈 소설가

어떤 삶을 살든, 그 어떤 성공이라도 이루려면,
반드시 그 삶에 영혼을 쏟아 부어야 해.
그리고 그렇게 하는 순간, 삶은 더 이상 낭만적이지 않게 돼.
단언컨대, 그건 냉혹한 현실로 바뀌는 거야!
그리고 늘 자신만을 만족시킬 수는 없고,
때로는 다른 사람들을 만족시켜야만 할 때도 있어.
그 점은, 내가 인정할게, 당신은 그럴 준비가 아주 잘 되어 있지.
하지만 훨씬 더 중요한 게 하나 더 있어.
당신이 종종 다른 사람을 실망시키기도 해야 한다는 거야.

《여인의 초상》 중에서

《여인의 초상》은 독립적이고 자유로운 여성이 억압적 사회 구조 속에서 겪는 선택과 희생의 과정을 그린 소설입니다.

Whatever life you lead you must
put your soul in it
-to make any sort of success of it,
and from the moment you do that
it ceases to be romance,
I assure you: it becomes grim reality!
And you can't always please yourself;
you must sometimes please other people.
That, I admit, you're very ready to do,
but there's another thing that's still
more important
-you must often displease others.

Oscar Wilde

Those who find ugly meanings in beautiful things are corrupt without being charming.
This is a fault.
Those who find beautiful meanings in beautiful things are the cultivated. For these there is hope.
They are the elect to whom beautiful things mean only Beauty.
There is no such thing as a moral or an immoral book.
Books are well written, or badly written.
That is all.

《The Picture of Dorian Gray》

> those who 〔숙〕 ~하는 사람들
> corrupt 〔형〕 부패한 타락한
> the cultivated 〔숙〕 교양 있는 자들
> the elect 〔숙〕 선택받은 자들
> there is no such thing as~ 〔숙〕 ~라는 건 없다
> immoral 〔형〕 비도덕적인

Today's Lines
◆◆◆

오스카 와일드
현대문학과 예술에 큰 영향을 미친 아일랜드 작가

아름다운 것들에서 추한 의미를 찾는 사람들은 매력조차 없는 타락한 자들이다.
이는 결함이다. 반면, 아름다운 것들에서 아름다운 의미를 찾는 사람들은
교양 있는 자들이다.
이들에게는 희망이 있다.
아름다운 것이 오직 아름다움만을 의미한다고 여기는 이들은 선택받은 자들이다.
도덕적인 책이나 비도덕적인 책이라는 것은 없다.
책은 단지 잘 쓰였거나 못 쓰였을 뿐이다.
그게 전부다.

《도리안 그레이의 초상》 중에서

《도리안 그레이의 초상》은 영원한 젊음을 얻은 대가로 도덕적 타락을 경험하는 주인공을 통해 쾌락주의와 도덕적 타락을 비판한 소설입니다. 초상화는 그의 영혼을 대변합니다.

Those who find ugly meanings
in beautiful things are corrupt
without being charming. This is a fault.
Those who find beautiful meanings
in beautiful things are the cultivated.
For these there is hope.
They are the elect to whom beautiful things
mean only Beauty.
There is no such thing as a moral or
an immoral book. Books are well written,
or badly written. That is all.

Franz Kafka

He remained in this state of empty and peaceful rumination until he heard the clock tower strike three in the morning.
He watched as it slowly began to get light everywhere outside the window too.
Then, without his willing it, his head sank down completely, and his last breath flowed weakly from his nostrils.

《The Metamorphosis》

◆◆◆

프란츠 카프카
체코 출신의 유대인 소설가

새벽 3시를 알리는 시계탑의 종소리가 들릴 때까지,
그는 무념의 평화로운 사색에 잠긴 채 있었다.
창밖의 모든 것들이 서서히 밝아오는 것도 지켜보았다.
그때 자신의 의지와는 상관없이 머리가 완전히 숙여졌고,
마지막 숨이 약하게 그의 콧구멍을 통해 빠져나갔다.

《변신》 중에서

---

remain 통 ~한 채로 있다
state 명 상태
rumination 명 사색, 반추
as 접 ~할 때, ~함에 따라
sank 통 가라앉다(sink의 과거)
nostrils 명 콧구멍(양쪽이라 ~s)

카프카는 인간의 고독과 소외, 존재론적 문제를 다룬 작품들로 20세기 문학에 큰 영향을 미친 작가입니다. 《변신》은 어느 날 벌레로 변한 남자의 이야기를 통해 인간 소외와 부조리를 상징적으로 묘사한 작품입니다.

Today's Lines
♦♦♦

He remained in this state of empty and peaceful rumination until he heard the clock tower strike three in the morning. He watched as it slowly began to get light everywhere outside the window too. Then, without his willing it, his head sank down completely, and his last breath flowed weakly from his nostrils.

Bram Stoker

Oh, the terrible struggle that I have had against sleep so often of late; the pain of the sleeplessness, or the pain of the fear of sleep, with such unknown horrors as it has for me! How blessed are some people, whose lives have no fears, no dreads; to whom sleep is a blessing that comes nightly, and brings nothing but sweet dreams.

《Dracula》

◆◆◆

브램 스토커
현대 공포 문학 장르를 개척한 아일랜드 소설가

최근 들어 잠들지 않으려고 그렇게 자주 끔찍할 정도로 사투를 벌였는지. 잠을 못 자는 고통이든, 아니면 잠이 나를 위해 준비한 알 수 없는 공포에 대한 두려움의 고통이든! 두려움도 심연의 공포도 없는 삶을 사는 사람들은 얼마나 축복받은 존재인가. 그들에게 잠은 밤마다 찾아와, 달콤한 꿈만을 가져다주는 축복일 테니.

《드라큘라》 중에서

---

struggle 명 고군분투(하다)
of late 숙 최근에
sleeplessness 명 잠 못 듦
unknown 형 알려지지 않은
nothing but 숙 단지

고딕 소설의 전설로 꼽히는 《드라큘라》는 영원히 죽지 않는 흡혈귀 드라큘라 백작을 통해 인간 본성의 어두운 면을 깊이 있게 다루었습니다. 드라큘라 백작은 오늘날까지 죽지 않고, 가장 사랑받는 악역으로 살아 있습니다.

Today's Lines

Oh, the terrible struggle that I have had against sleep so often of late; the pain of the sleeplessness, or the pain of the fear of sleep, with such unknown horrors as it has for me! How blessed are some people, whose lives have no fears, no dreads; to whom sleep is a blessing that comes nightly, and brings nothing but sweet dreams.

*Do Something.
If it works, do more of it.
If it doesn't,
do something else.*

Chapter
4

뭔가를 해라.

그게 효과가 있으면 더 많이 해라.

효과가 없으면, 다른 것을 해라.

Challenge · Action · Practice
도전　　　　실천　　　　연습

나에게 울림을 주는
영어 명문장 활용법 3

고대 철학자나 유명인이 남긴 명언 또는 고전 작품 속에서 발견되어 오래도록 회자되는 명문장에는 말과 글 이상의 힘이 담겨 있습니다. 짧지만 깊은 울림을 느껴보세요.

마음을 열고 받아들이기

말에는 그 사람의 마음, 습관, 철학 그리고 인생이 담겨 있습니다. 한 문장이나 짧은 구절 속에서도 그들의 삶의 지혜와 통찰을 엿볼 수 있죠. 헨리 포드의 'Whether you think you can, or you think you can't - you're right. 할 수 있다고 생각하든, 할 수 없다고 생각하든 당신 생각이 맞다.'라는 문장은 삶에서 마음가짐이 얼마나 중요하고 엄청난 힘을 갖는지 깨닫게 해줍니다. 이러한 명문장은 단순히 베껴 쓰고 외우는 것이 아니라, 마음을 열고 그 인물이 전하는 메시지에 주목할 때 진정한 가치를 얻을 수 있습니다. 우리가 흔히 느끼는 좌절, 희망, 용기, 의지와 같은 감정은 누구에게나 크게 다르지 않습니다. 그들의 말을 나의 삶에 대입하며 "이 말이 내 인생에 어떤 영향을 미칠까?"를 생각하고 실천해보세요. 그렇게 하면 명언은 단순한 문장이 아니라, 나의 삶을 용기 있게 성찰하고, 실천을 통해 성장하며, 나눔의 가치를 일깨워주는 소중한 나침반이 됩니다.

2 / 문장 속 인물이 되어보기

문장이 어렵게 느껴지는 이유는 단순히 언어 때문이 아니라, 문장 속 상황과의 거리감 때문입니다. 이럴 때는 문장을 '읽는 것'이 아니라, 말하는 이와 '대화하는 것'이라 생각하면 문장을 읽는 방식 자체가 달라지고, 자연스레 집중력이 높아질 것입니다. 이 책에 소개된 유명인의 문장 속 장면 안으로 들어가 내가 그 인물이 되어 말하고 있다고 생각해보세요. 상상하는 것만으로도 문장이 더욱 생생하고 흥미롭게 다가올 겁니다.

3 / 필사로 되새기기

마음에 드는 명문장이 있다면 그 문장을 여러 번 필사해보고 책 속에 담긴 필기체 연습 노트를 활용해 필기체로도 연습해보세요. 연습한 문장을 카드에 적어 책상에 붙여두거나 주변에 선물한다면 그 문장을 마음에 각인시키기에 더없이 좋은 방법일 것입니다.

Franklin D. Roosevelt

The only thing we have to fear is fear itself.
Calm seas never made a good sailor.
Do Something. If it works, do more of it.
If it doesn't, do something else.
Democracy cannot succeed unless those who express
their choice are prepared to choose wisely.
The real safeguard of democracy, therefore, is education.

◆◆◆

프랭클린 디 루스벨트
제32대 미국 대통령

우리가 두려워해야 할 유일한 대상은 두려움 그 자체다.
고요한 바다는 결코 좋은 뱃사람을 만든 적이 없다.
뭔가를 해라. 그게 효과가 있으면 그걸 더 많이 해라. 효과가 없으면, 다른 것을 해라.
민주주의는 자신의 선택을 표현하는 사람들이,
현명하게 선택할 준비가 되어 있지 않으면 성공할 수 없다.
그러므로 민주주의의 진정한 안전장치는 교육이다.

| fear 명 두려움
| work 동 효과 있다
| democracy 명 민주주의
| express 동 표현하다
| wisely 부 현명하게

생각이 바뀌면 행동이 바뀌고, 행동이 바뀌면 인생이 바뀝니다. 그리고 내가 자주 내뱉는 말이 바로 생각을 바꾸죠. 루스벨트는, 대공황 속에 뉴딜정책으로 미국경제의 체질을 바꿨습니다. 그 중심에 교육이 있었고요. 이 연설로 국민들의 습관에 동력을 만들었습니다. 공포를 나를 위한 훌륭한 조련사라고 생각하면 공포는 그 실체가 사라집니다.

Today's Lines
◆◆◆

The only thing we have to fear is fear itself. Calm seas never made a good sailor. Do Something. If it works, do more of it. If it doesn't, do something else. Democracy cannot succeed unless those who express their choice are prepared to choose wisely. The real safeguard of democracy, therefore, is education.

Steve Jobs

Remembering that you are going to die is the best way I know to avoid the trap of thinking you have something to lose. You are already naked. There is no reason not to follow your heart. Your time is limited, so don't waste it living someone else's life. Stay hungry, stay foolish.

◆◆◆

스티브 잡스
애플 창업자, 혁신과 도전의 아이콘

여러분이 죽을 것임을 기억하는 게,
뭔가 잃을 것이 있다고 생각하는 함정에서 벗어나는 최고의 방법이라는 걸, 전 알아요.
여러분은 이미 벌거벗은 상태예요. 마음을 따르지 않을 이유가 없죠.
여러분의 시간은 정해져 있어요, 그러니 다른 사람의 삶을 살면서 낭비하지 말아요.
항상 배고프게 살고(쉽게 만족하지 말고), 항상 바보처럼(창의적으로) 살아요!

---

are going to [숙] ~할 예정이다
avoid [동] 피하다
limited [형] 제한된
waste [동] 낭비하다
stay [동] ~한 상태를 유지하다

잃을 게 있다는 생각에 인간은 늘 도전을 꺼립니다. 태어날 때 발가벗은 채로 왔고, 누구나 죽음은 피할 수 없으니, 지금 당장 내가 하고 싶은 일을 하는 게 맞겠죠. 인류에 커다란 공헌을 한 잡스의 힘은, 결국 자신만의 삶을 사는 것, 배부른 돼지가 되길 거부하고, 주입받은 편견을 깨는 창의적 도전 정신에서 나온 것일 겁니다.

Today's Lines

♦♦♦

Remembering that you are going to die is the best way I know to avoid the trap of thinking you have something to lose.
You are already naked. There is no reason not to follow your heart.
Your time is limited, so don't waste it living someone else's life.
Stay hungry, stay foolish.

Leonardo da Vinci

Your brain is much better than you think; just use it!
I love those who can smile in trouble, who can gather strength from distress, and grow brave through reflection.
Simplicity is the ultimate sophistication.
Learning is the only thing that the mind never exhausts, never fears, and never regrets.

❖❖❖

레오나르도 다 빈치
화가, 발명가, 르네상스 시대의 천재

당신의 뇌는 당신의 생각보다 훨씬 더 뛰어나다. 그러니 그냥 사용하라!
나는 어려움 속에서 웃을 수 있고, 괴로움에서 힘을 모을 수 있으며,
성찰을 통해 용감해질 수 있는 이들을 사랑한다.
단순함은 궁극적인 세련됨이다.
배움이란, 마음이 절대로 지치지 않고, 두려워하지 않으며,
후회하지 않는 유일한 것이다.

---

those who 〔숙〕 ~하는 사람들
distress 〔명〕 괴로움
reflection 〔명〕 성찰, 사색
ultimate 〔형〕 궁극의
sophistication 〔명〕 세련됨, 교양
exhaust 〔동〕 지치다

편리함을 더하는 기기들만 달라졌을 뿐, 인간의 본능은 예나 지금이나 동일합니다. 그래서 우리는 변화를 무척 꺼립니다. 하지만 변화를 위한 성찰이야말로 성장과 생존을 위한 열쇠입니다. 꾸준한 배움이 웃음을 주고, 힘을 주며, 용감하게 도전할 수 있게 해 줍니다. 다 빈치의 《모나리자》에서 많은 이들이 발견하는 것도 바로 이 성찰의 깊이일 겁니다.

Today's Lines

♦♦♦

Your brain is much better than
you think, just use it!
I love those who can smile in trouble,
who can gather strength from distress,
and grow brave through reflection.
Simplicity is the ultimate sophistication.
Learning is the only thing that the mind
never exhausts, never fears,
and never regrets.

Carl Jung

Until you make the unconscious conscious,
it will direct your life, and you will call it fate.
Your vision will become clear only when you can
look into your own heart. Who looks outside, dreams;
who looks inside, awakes.
You are what you do, not what you say you'll do.
Life calls not for perfection, but for completeness.

칼 융
심리학자, 분석심리학 창시자

당신이 무의식을 의식적으로 인지할 때까지,
무의식은 당신의 삶을 지휘할 테고 당신은 그걸 운명이라고 부를 것이다.
당신이 자신의 마음을 들여다볼 수 있을 때가 돼서야 비전이 분명해진다.
밖을 보는 자는 꿈을 꾸지만, 안을 보는 자는 깨어난다.
앞으로 하겠다는 말이 아니라, 행동이 곧 당신이다.
인생은 완벽함이 아니라 마무리를 요구한다.

---

unconscious 형 무의식의
conscious 형 의식의
direct 동 지시하다, 감독하다
fate 명 운명
look into 숙 안을 들여다 보다
call for 동 요구하다, 필요하다
completeness 명 완성, 마무리

인간은 이성이 삶을 지배한다고 착각하지만, 실제로는 무의식과 습관이 우리 삶의 대부분을 지배합니다. 자신의 내면과 무의식을 제대로 들여다볼 때 비로소 깨어나 진정한 성장을 이룰 수 있죠. 칼 융의 연구가 보여주듯, 우리가 말(의식)보다는 행동(무의식)에 집중해야 하는 이유가 바로 여기에 있습니다.

Today's Lines

♦♦♦

Until you make the unconscious conscious, it will direct your life, and you will call it fate.
Your vision will become clear only when you can look into your own heart.
Who looks outside, dreams; who looks inside, awakes.
You are what you do, not what you say you'll do. Life calls not for perfection, but for completeness.

Rosa Parks

I believe there is only one race-the human race.
Stand for something or you will fall for anything.
Today's mighty oak is yesterday's nut that held its ground.
You must never be fearful about what you are doing
when it is right.
Each person must live their life as a model for others.

◆◆◆

로사 파크스
인종차별 저항의 아이콘, 인권 운동가

나는 단 하나의 인종만이 있다고 믿는다. 그건 인류다.
무언가를 믿고 지지하지 않으면, 당신은 무엇에든 쉽게 넘어갈 것이다.
오늘의 엄청난 참나무는, 이전에 땅을 움켜쥐고 견뎌낸 도토리일 뿐이다.
네가 하는 일이 옳다면 결코 두려워해서는 안 된다.
우리 각자는 다른 이에게 모범이 되는 삶을 살아야만 한다.

---

race 명 종족, 경기
stand for 숙 믿고 지지하다
fall for 숙 쉽게 빠지다
hold one's ground 숙 꿋꿋하게 견디다
fearful 형 두려워하는

세상 누구도 편견을 가지기에, 삶에서 다양한 차별을 경험합니다. 하지만 무엇이 옳다고 믿고 지지하는 강한 신념이 생기면, 두려움마저 사라지게 하죠. 스스로 작은 도토리로 사라질지, 큰 참나무로 우뚝 설지는 전적으로 내 생각에 달려있습니다. 더불어, 죽을 때까지 서로를 위해 멋진 성장을 하도록 태어난 종이 인류가 아닐까요?

Today's Lines
◆◆◆

I believe there is only one race
-the human race.
Stand for something or you will
fall for anything.
Today's mighty oak is yesterday's
nut that held its ground.
You must never be fearful
about what you are doing when it is right.
Each person must live their life
as a model for others.

Benjamin Franklin

An investment in knowledge pays the best interest.
Diligence is the mother of good luck.
Energy and persistence conquer all things.
Well done is better than well said.
By failing to prepare, you are preparing to fail.
When you're finished changing, you're finished.

◆◆◆

벤저민 프랭클린
과학자, 발명가, 정치인

지식에 대한 투자는 최고의 이자를 준다. 부지런함은 행운의 어머니다.
에너지와 끈기가 모든 것을 정복한다. 잘한 일이 잘한 말보다 낫다.
준비에 실패함으로써, 당신은 실패를 준비하는 것이다.
변화를 멈추는 순간, 당신도 끝난 것이다.

investment 명 투자	
knowledge 명 지식	
interest 명 이자, 이익	
diligence 명 근면함	
persistence 명 집요함, 끈기	
conquer 동 정복하다	
prepare 동 준비하다	

미국 100달러 지폐의 인물인 프랭클린은, 열일곱 살에 무일푼으로 필라델피아에서 새로운 삶에 도전합니다. 근면과 실천을 중시한 그는 피뢰침을 발명한 과학자이자, 25년간 독립을 위해 헌신한 외교가였죠. 영국의 억압정책을 폭로하고, 독립전쟁에서 프랑스의 지원을 이끌어낸 그의 모든 업적은 변화와 성장을 멈추지 않는 정신에서 비롯된 것입니다.

Today's Lines

♦♦♦

An investment in knowledge pays
the best interest.
Diligence is the mother of good luck.
Energy and persistence conquer
all things.
Well done is better than well said.
By failing to prepare,
you are preparing to fail.
When you're finished changing,
you're finished.

Nelson Mandela

A winner is a dreamer who never gives up.
Do not judge me by my successes, judge me by how many times I fell down and got back up again.
Resentment is like drinking poison and then hoping it will kill your enemies.
Education is the most powerful weapon which you can use to change the world.

◆◆◆

넬슨 만델라
노벨평화상 수상자, 남아프리카공화국 전 대통령

승자는 절대 포기하지 않는 몽상가다.
나의 성공들로 나를 판단하지 말고, 몇 번이나 넘어지고 다시 일어섰는지로 나를 판단하라.
원한은 스스로 독을 마시고는 그 독이 당신의 적을 죽이기를 바라는 것과 같다.
교육은 세상을 바꾸기 위해 당신이 쓸 수 있는 가장 강력한 무기다.

| give up 〖숙〗 포기하다
| fall down 〖숙〗 쓰러지다
| get back up 〖숙〗 재기하다, 다시 일어서다
| resentment 〖명〗 원한, 반감
| poison 〖명〗 독
| education 〖명〗 교육
| weapon 〖명〗 무기

우리는 종종 성취와 결과에 눈이 가지만, 진정한 성장은 넘어지고 다시 일어서는 과정에서 나옵니다. 이 과정을 긍정적인 동력으로 삼으면, 성공과 실패는 단지 결과일 뿐이며, 적개심도 오히려 성장의 자양분이 됩니다. 만델라는 27년간의 수감 생활을 통해 이러한 깨달음을 얻고, 남아공의 인종차별을 끝내며 첫 흑인 대통령으로 자유와 평등의 아이콘이 되었죠.

Today's Lines
♦♦♦

A winner is a dreamer
who never gives up.
Do not judge me by my successes,
judge me by how many times I fell down
and got back up again.
Resentment is like drinking poison and
then hoping it will kill your enemies.
Education is the most powerful weapon
which you can use to change the world.

Miguel de Cervantes

"Bear in mind, Sancho, that one man is no more than another, unless he does more than another; all these tempests that fall upon us are signs that fair weather is coming shortly, and that things will go well with us, for it is impossible for good or evil to last for ever."

《Don Quixote》

◆◆◆

미겔 데 세르반테스
근대 소설의 기초를 마련한 스페인 작가

명심해, 산초. 한 사람이 다른 사람보다 더 많은 일을 하지 않는다면,
결코 그 사람보다 더 나은 존재라 할 수 없어.
우리에게 닥친 이 모든 폭풍은 곧 맑은 날이 찾아올 징조이며,
우리에게 일이 잘 풀릴 거라는 신호야.
왜냐하면 선이든 악이든 영원히 지속될 수는 없으니까.

《돈키호테》 중에서

bear in mind 숙 명심하다
no more 숙 더 이상 ~이 아닌
unless 접 만일 ~이 아니라면
tempest 명 폭풍
fall upon(=on) 숙 ~에게 닥치다
shortly 부 곧바로
last 동 지속하다
for ever(=forever) 숙 영원히

《돈키호테》는 이상과 현실의 충돌을 풍자적으로 그려낸 세계 문학사 최고의 풍자 소설로 꼽히는 작품입니다.

Today's Lines

"Bear in mind, Sancho, that one man is no more than another, unless he does more than another; all these tempests that fall upon us are signs that fair weather is coming shortly, and that things will go well with us, for it is impossible for good or evil to last for ever."

Thomas Edison

Remember, life is all what you focus on. Learn lessons and keep
moving forward towards your goals and dreams.
I have not failed. I've just found 10,000 ways that won't work.
The secret of success is focus of purpose. I owe my success
to the fact that I never had a clock in my workroom.
Vision without execution is delusion.

❖❖❖

토머스 에디슨
전구 발명가, 혁신가

기억하라, 인생은 당신이 집중하는 대상 그게 전부다.
교훈을 배우고 목표와 꿈을 향해 계속 나아가라.
나는 실패하지 않았다. 나는 단지 효과가 없는 10,000가지 방법을 찾았을 뿐이다.
성공의 비결은 목적 자체에 집중하는 것(목적을 명확하게 하는 것)이다.
나는 작업실에 시계를 두지 않은 덕분에 성공했다.
실행이 없는 비전은 망상이다.

focus on [숙] ~에 집중하다
move forward [숙] 앞으로 나아가다
towards [전] 향해서
work [동] 작동하다, 효과가 있다
owe A to B [숙] A는 B 덕분이다
execution [명] 실행
delusion [명] 망상

토머스 에디슨은 수많은 실패를 딛고 혁신을 이룬 발명왕입니다. 청각 장애에도, 어머니의 격려와 독학으로 배움을 이어갔고, "실패는 작동하지 않는 방법을 배운 과정"이라 말하며 실패를 성장의 발판으로 삼았죠. 그의 발명은 인류의 삶을 근본적으로 바꾼 혁신이었습니다. 에디슨의 삶은 끝없는 호기심과 도전이 어떤 불가능도 가능으로 만들 수 있다는 큰 증거입니다.

Today's Lines

◆◆◆

Remember, life is all what you focus on.
Learn lessons and keep moving forward
towards your goals and dreams.
I have not failed. I've just found
10,000 ways that won't work.
The secret of success is focus of purpose.
I owe my success to the fact that I
never had a clock in my workroom.
Vision without execution is delusion.

Winston Churchill

I no longer listen to what people say, I just watch what they do.
Behavior never lies.
The positive thinker sees the invisible,
feels the intangible, and achieves the impossible.
All men make mistakes, but only wise men
learn from their mistakes.
We make a living by what we get, but we make a life
by what we give.

◆◆◆

윈스턴 처칠
제2차 세계대전 지도자, 영국 전 총리

나는 더 이상 사람들이 하는 말을 듣지 않는다.
나는 그저 그들이 하는 행동을 본다. 행동은 결코 거짓말을 하지 않는다.
긍정적인 사고를 하는 자는 보이지 않는 것을 보고, 만질 수 없는 것을 느끼며,
불가능한 것을 성취한다.
모든 사람은 실수한다. 하지만 오직 현명한 사람들만 실수에서 배운다.
우리는 얻는 것으로 생계를 이어간다. 하지만 나눠주는 것으로 삶을 만든다.

- no longer 〔숙〕 더 이상 ~않다
- behavior 〔명〕 행동
- invisible 〔형〕 보이지 않는
- intangible 〔형〕 만질 수 없는
- achieve 〔동〕 성취하다
- make a mistake 〔숙〕 실수하다
- make a living 〔숙〕 생계를 꾸리다

누군가의 말과 행동이 다르다면, 행동이 진실입니다. 사람은 크든 작든 누구나 거짓말을 하고, 결심도 쉽게 흔들리죠. 실천은 어렵지만, 실수를 긍정적으로 받아들이고 거기서 교훈을 배울 때 불가능도 가능으로 바뀝니다. 2차 세계대전 당시 영국 국민에게 희망을 준 총리 처칠처럼, 실패를 두려워하지 않는 도전이, 삶의 진정한 가치를 보여줍니다.

Today's Lines

I no longer listen to what people say,
I just watch what they do.
Behavior never lies.
The positive thinker sees the invisible,
feels the intangible,
and achieves the impossible.
All men make mistakes, but only
wise men learn from their mistakes.
We make a living by what we get,
but we make a life by what we give.

Warren Buffett

The most important investment you can make is in yourself.
Chains of habit are too light to be felt
until they are too heavy to be broken.
Risk comes from not knowing what you're doing.
It takes 20 years to build a reputation and five minutes to ruin it.

◆◆◆

워런 버핏
세계적인 기업가, 투자계의 전설같은 인물

당신이 할 수 있는 가장 확실한 투자는 자기 자신에게 하는 것이다.
습관의 고리들은 너무 두꺼워서 끊어질 수 없을 때까지는 너무나 미약하게 느껴진다.
위기는 내가 무엇을 하고 있는지 모를 때 찾아온다.
평판을 쌓는 데는 20년이 걸리지만, 망가뜨리는 데는 단 5분이면 충분하다.

---

investment 명 투자
chain 명 사슬, 고리
risk 명 위기, 위험
reputation 명 평판
ruin 동 망치다

소유가 아닌, 나의 성장에 투자하는 것, 습관의 힘을 알며 좋은 습관을 늘려나가는 것이 결국 삶의 최고의 투자임을 버핏의 존재가 증명합니다. 혹시 바쁘게 열심히 사는 것을 성장이라고 착각하시나요? 내가 무엇을 왜 하는지 알아야, 멋진 평판을 계속 쌓으며 성장하고, 오판, 오만, 실수 대신 겸손을 장착하게 됩니다.

Today's Lines

♦♦♦

The most important investment
you can make is in yourself.
Chains of habit are too light to be felt
until they are too heavy to be broken.
Risk comes from not knowing
what you're doing.
It takes 20 years to build a reputation
and five minutes to ruin it.

Ray Dalio

Watch out for people who think it's embarrassing not to know.
It's more important to do big things well
than to do small things perfectly.
To make money in the markets, you have to think
independently and be humble.
Pull in your belt, spend less, and reduce debt.

◆◆◆

레이 달리오
세계 최대의 사모펀드 설립자, 경제 철학자

자신이 모르는 것을 부끄럽다고 생각하는 사람들을 조심하라.
작은 일을 완벽하게 하는 것보다, 큰일을 잘하는 것이 더 중요하다.
시장에서 돈을 벌려면 독립적으로 생각하고 겸손해야만 한다.
허리띠를 졸라매고, 덜 쓰고, 부채를 줄여라.

- embarrassing 형 부끄러운
- perfectly 부 완벽하게
- make money 숙 돈을 벌다
- independently 부 독립적으로
- humble 형 겸손한
- less 부 더 적은
- reduce 동 줄이다
- debt 명 부채

세계 최대 사모펀드 설립자 레이 달리오는 한때 과도한 자신감으로 회사가 망해, 생활비를 빌려야 할 만큼 힘든 시기를 겪었습니다. 그 후 겸손과 독립적 사고의 중요성을 깨닫고 이를 정리해 직원들과 공유하며 큰 성공을 이뤘죠. 그의 책 〈원칙〉은 월스트리트의 바이블이 되었고요. 남에게 보이려는 마음을 내려놓고 절약하는 실천이 성공의 시작입니다.

Today's Lines

♦♦♦

Watch out for people who think
it's embarrassing not to know.
It's more important to do big things well
than to do small things perfectly.
To make money in the markets, you have
to think independently and be humble.
Pull in your belt, spend less,
and reduce debt.

Barack Obama

You can't let your failures define you.
You have to let your failures teach you.
No one built this country on their own.
This nation is great because we built it together.
The future belongs to young people with an education
and the imagination to create.

◆◆◆

버락 오바마
제44대 미국 대통령

실패가 당신을 낙인찍도록 내버려두어서는 안 된다.
실패가 당신을 가르치도록 해야만 한다.
누구도 이 나라를 혼자서 세우지 않았다.
이 나라가 위대한 이유는 우리가 함께 만들었기 때문이다.
미래는 교육을 받은 그리고 창조할 상상력을 가진 젊은이들의 것이다.

---

let 동 허락하다
define 동 정의 내리다
have to 숙 ~해야만 한다
on one's own 숙 스스로, 혼자서
belong to 동 ~에 속하다
imagination 명 상상력

인간의 성선설과 성악설은 모두 맞습니다. 우리는 누구나 화를 내고 실수를 하며, 환경과 영향에 따라 다른 모습을 드러낼 뿐이죠. 그래서 실수를 해도 낙오되지 않고, 교훈을 얻을 수 있는 건강한 사회를 만드는 것이 중요합니다. 그 핵심이 바로 교육이고, 버락 오바마가 교육의 중요성을 강조하며 희망과 변화를 이끌었던 이유이기도 합니다.

Today's Lines

♦♦♦

You can't let your failures define you.
You have to let your failures teach you.
No one built this country on their own.
This nation is great because we built
it together.
The future belongs to young people
with an education
and the imagination to create.

Jonathan Swift

And he gave it for his opinion, that whoever could make two ears of corn, or two blades of grass, to grow upon a spot of ground where only one grew before, would deserve better of mankind, and do more essential service to his country, than the whole race of politicians put together.

《Gulliver's Travels》

◆◆◆

조너선 스위프트
영국 소설가

이전에는 하나만 자라던 땅에서, 두 개의 옥수숫대나 두 개의 풀잎이 자랄 수 있게 하는 사람이 누구이든, 정치인들을 합해 놓은 전체 집단보다, 인류로부터 더 나은 대접을 받을 자격이 있고, 국가에 더 필요한 봉사를 하는 것이라고, 그는 자기의 의견을 표현했다.

《걸리버 여행기》 중에서

---

ear of corn [숙] 옥수숫대, 이삭
blade [명] 잎, 칼날
essential [형] 필수적인
race [명] 종족, 집단, 경기
put together [숙] 합해진

스위프트의 대표작 《걸리버 여행기》는 인간의 탐욕과 정치적 야망을 상징하는 여행지를 모험하며 벌어지는 다양한 에피소드를 통해 사회 부조리와 권력 구조를 풍자하였습니다.

Today's Lines

♦♦♦

And he gave it for his opinion, that whoever could make two ears of corn, or two blades of grass, to grow upon a spot of ground where only one grew before, would deserve better of mankind, and do more essential service to his country, than the whole race of politicians put together.

Richard Branson

You don't learn to walk by following rules.
You learn by doing, and by falling over.
My best advice is to create a business that is aligned
with your values and passions.
The brave may not live forever,
but the cautious do not live at all. Screw it, let's do it!
Successful entrepreneurs don't wait for the perfect moment-
they create it.

◆◆◆

리처드 브랜슨
세계적인 기업가, 버진 그룹 창업자

규칙을 따라 한다고 걷는 법을 배우는 건 아니다.
직접 해보면서 그리고 넘어지면서 배우는 것이다.
최고의 조언을 하자면, 당신의 가치와 열정에 맞는 사업을 시작하라는 것이다.
용감한 자가 영원히 살지는 않지만, 신중한 자는 전혀 생존하지 못한다.
뭐든 신경 안 써, 그냥 해보자고!
성공적인 기업가들은 완벽한 순간을 기다리지 않는다. 그들은 그 순간을 창조한다.

---

by ~ing 숙 ~함으로써
fall over 숙 넘어지다
aligned with 숙 ~결을 맞춘
the brave 숙 용감한 자들
the cautious 숙 조심하는 자들
Screw it 신경 안 써(속어)

리처드 브랜슨은 학습 장애로 어려움을 겪었지만, 좌절하지 않고 열여섯 살에 잡지를 창간하며 사업을 시작했습니다. 음반 사업을 성공시킨 후 버진 그룹을 창립하고, 항공과 우주 산업으로 확장했죠. '위대한 일은 불확실성과 모험 속에서 태어난다'는 믿음으로 불가능한 꿈들을 현실로 만든 그의 여정은 한계를 넘어서는 용기의 중요성을 보여줍니다.

Today's Lines

♦♦♦

You don't learn to walk by following rules.
You learn by doing, and by falling over.
My best advice is to create a business that
is aligned with your values and passions.
The brave may not live forever,
but the cautious do not live at all.
Screw it, let's do it!
Successful entrepreneurs don't wait for
the perfect moment - they create it.

Alphonse Daudet

M. Hamel went on to talk of the French language, saying that it was the most beautiful language in the world-the clearest, the most logical; that we must guard it among us and never forget it, because when a people are enslaved, as long as they hold fast to their language it is as if they had the key to their prison.

《The Last Lesson》

◆◆◆

알퐁스 도데
프랑스 문학의 중요한 위치를 차지한 작가

하멜 선생님은 계속해서 프랑스어에 대해 이야기했다.
프랑스어는 세계에서 가장 아름답고 가장 명료하며, 가장 논리적인 언어라고 하셨다.
그래서 프랑스어를 우리들끼리 소중히 지키고 절대 잊어서는 안 된다고 강조하시며,
한 민족이 속박당하더라도 그들이 언어를 굳건하게 지키는 한, 마치 감옥의 열쇠를 쥐고 있는 것과 같다고 하셨다.

《마지막 수업》 중에서

M. 선생님(monsieur 무슈, 프랑스어) logical 형 논리적인 enslave 동 노예로 만들다 hold fast 숙 단단히 붙잡다 as if 숙 마치 ~처럼	《마지막 수업》은 프랑스-프로이센(독일) 전쟁을 배경으로, 프랑스어 교육의 소중함과 애국심을 담은 단편소설입니다. 일본의 한국어 말살 정책을 경험한 우리에게도 깊은 공감을 불러일으키는 작품입니다.

Today's Lines

♦♦♦

M. Hamel went on to talk of the French language, saying that it was the most beautiful language in the world—the clearest, the most logical; that we must guard it among us and never forget it, because when a people are enslaved, as long as they hold fast to their language it is as if they had the key to their prison.

Bertrand Russell

Philosophy, though unable to tell us with certainty what is the true answer to the doubts which it raises, is able to suggest many possibilities which enlarge our thoughts and free them from the tyranny of custom. Thus, while diminishing our feeling of certainty as to what things are, it greatly increases our knowledge as to what they may be;

《The Problems of Philosophy》

◆◆◆

버트런드 러셀
노벨문학상 수상자, 철학자, 수학자

철학은 비록 철학이 제기하는 의문들에 대한 진정한 답을 확실히 알려줄 수는 없지만 우리의 사고를 확장하고, 사고가 관습의 폭정을 벗어나도록 하는 많은 가능성을 제시할 수 있다. 따라서 철학은 사물이 무엇인지에 관한 우리의 확실성의 감도는 줄이는 반면, 사물이 무엇이 될 수 있는지에 대한 우리의 지식은 크게 증가시킨다.

《철학의 문제들》 중에서

---

unable to 숙 ~할 수 없는
certainty 명 확실함
doubt 명 의심, 의문
enlarge 동 확장하다, 확대하다
tyranny 명 폭정, 억압
diminish 동 감소시키다

《철학의 문제들》은 철학의 기본 질문과 실천적 가치를 이야기하며 현대 철학에 대한 이해를 돕는 작품입니다.

Today's Lines

Philosophy, though unable to tell us
with certainty what is the true answer to
the doubts which it raises, is able to suggest
many possibilities which enlarge
our thoughts and free them from
the tyranny of custom. Thus,
while diminishing our feeling of certainty
as to what things are,
it greatly increases our knowledge
as to what they may be;

Aldous Huxley

"Like every other good thing in this world, leisure and culture have to be paid for. Fortunately, however, it is not the leisured and the cultured who have to pay. Let us be duly thankful for that, my dear Denis-duly thankful," he repeated, and knocked the ashes out of his pipe.

《Crome Yellow》

◆◆◆

올더스 헉슬리
영국 소설가, 비평가

"이 세상의 다른 모든 좋은 것들과 마찬가지로, 여유와 문화는 대가를 치러야 하지. 하지만 운 좋게도, 그 대가를 치르는 것이 여유로운 자와 문화를 아는 자들은 아니야. 그 점에 대해 우리는 마땅히 감사해야 해. 친애하는 데니스, 마땅히 감사해야 하지." 그는 이 말을 반복하며 파이프에서 재를 털어냈다.

《크롬 옐로우》 중에서

---

fortunately (부) 운 좋게도
the 형용사 (숙) ~한 사람들
the leisured (숙) 여유가 있는 자들
duly (부) 마땅히

《크롬 옐로우》는 영국 상류사회의 허영과 위선을 다루면서 개인의 정체성과 인간관계를 탐구한 풍자 소설입니다.

Today's Lines
◆◆◆

"Like every other good thing
in this world, leisure and culture have to be
paid for. Fortunately, however,
it is not the leisured and the cultured
who have to pay. Let us be duly thankful
for that, my dear Denis-duly thankful,"
he repeated, and knocked the ashes
out of his pipe.

Joseph Conrad

I don't like work
-no man does
-but I like what is in the work
-the chance to find yourself.
Your own reality
-for yourself, not for others
-what no other man can ever know.
They can only see the mere show,
and never can tell what it really means.

《Heart of Darkness》

find yourself 숙 스스로를 찾다
own 형 스스로의, 자기만의
reality 명 현실
mere 형 단순한, 불과한
show 명 쇼, 보이는 것
tell 동 구분하다, 말하다, 알다

Today's Lines

조셉 콘라드
폴란드계 영국인 작가

나는 일이 싫어.
누구라도 일이 좋지는 않을 거야.
하지만 나는 일 속에 담긴 무언가를 좋아해.
바로 자신을 발견할 기회 말이야.
남이 아닌, 오직 자신만을 위한
그리고 그 누구도 알 수 없는 나만의 현실이지.
사람들은 단지 겉으로 드러난 모습만 볼 뿐,
그것이 진정 무엇을 의미하는지는 결코 알 수 없으니까.

《어둠의 심장》 중에서

> 《어둠의 심장》은 콩고를 배경으로 제국주의의 잔혹함과 인간 내면의 어둠을 탐구한 심리 소설의 정수라 불리는 작품입니다.

I don't like work
-no man does
-but I like what is in the work
-the chance to find yourself.
Your own reality
-for yourself, not for others
-what no other man can ever know.
They can only see the mere show,
and never can tell what it really means.

Robert Frost

Two roads diverged in a yellow wood
And sorry I could not travel both
And be one traveler, long I stood
And looked down one as far as I could
To where it bent in the undergrowth;
I shall be telling this with a sigh
Somewhere ages and ages hence:
Two roads diverged in a wood, and I-
I took the one less traveled by
And that has made all the difference

《The Road Not Taken》

---

diverge 동 갈라지다
travel 동 여행하다
as far as 숙 ~까지 멀리
bent 형 꺾인
undergrowth 명 낮게 자란 수풀
hence 부 이런 이유로
less 부 덜
difference 명 차이

Today's Lines

❖❖❖
로버트 프로스트
퓰리처상 수상자, 미국 시인

노란 단풍 숲에 두 갈래로 길이 나 있었지
두 길을 모두 여행하지 못함을 아쉬워하며
한쪽 길만을 가야 하기에, 한참을 서서는,
낮은 수풀로 꺾여 내려가는 길 하나를
끝까지 쭉 내려다보았어.
오랜 시간이 흐른 후 어디에선가
한숨지으며 이 말을 하고 있겠지.
숲속에 두 갈래로 길이 나 있었고, 나는-
나는 발자취가 덜한 길을 택했다고
그리고 그것이 이 모든 것을 바꾸어 놓았다고

《가지 않은 길》 중에서

> 프로스트는 자연과 인간관계를 묘사하며, 삶과 선택에 대한 깊은 철학적 통찰을 보여준 미국의 대표 시인이죠. 《가지 않은 길》은 선택의 중요성과 삶의 방향성을 상징적으로 묘사한 시입니다.

Two roads diverged in a yellow wood
And sorry I could not travel both
And be one traveler, long I stood
And looked down one as far as I could
To where it bent in the undergrowth;
I shall be telling this with a sigh
Somewhere ages and ages hence:
Two roads diverged in a wood, and I-
I took the one less traveled by
And that has made all the difference

Rabindranath Tagore

Where the mind is without fear and the head is held high;
Where knowledge is free;
Where the world has not been broken up into fragments
by narrow domestic walls;
Where words come out from the depth of truth;
Where tireless striving stretches its arms towards perfection;

《Gitanjali, Song Offerings》

◆◆◆

라빈드라나스 타고르
노벨문학상 수상자, 인도 문학과 철학의 대가

두려움 없는 마음과 머리를 높이 치켜드는 곳,
누구에게나 지식이 자유로운 곳,
세상이 좁디좁은 이기적인 벽으로 조각나지 않은 곳,
말이 진실의 심연에서 솟아오르는 곳,
지치지 않는 노력으로 완전함을 향해 팔을 뻗는 곳

《기탄잘리》 중에서

fear 명 두려움
fragment 명 깨진 조각
domestic 형 국내의, 가정의
depth 명 깊이
tireless 형 지지치 않는
striving 명 고군분투

《기탄잘리》는 신과 인간의 교감을 노래한 작품으로, 사랑과 영적 깨달음을 아름답게 표현한 시입니다.

Today's Lines

Where the mind is without fear
and the head is held high;
Where knowledge is free;
Where the world has not been broken up
into fragments by narrow domestic walls;
Where words come out from the depth
of truth,
Where tireless striving stretches
its arms towards perfection,

Ralph Waldo Emerson

In the presence of nature,
a wild delight runs through the man, in spite of real sorrows.
Nature says,-he is my creature,
and maugre all his impertinent griefs, he shall be glad with me.
Not the sun or the summer alone,
but every hour and season yields its tribute of delight;
for every hour and change corresponds to and authorizes
a different state of the mind, from breathless noon
to grimmest midnight.

《Nature》

> presence 몡 존재
> delight 몡 큰 기쁨
> run through 슉 관통하다
> in spite of 슉 ~에도 불구하고
> maugre ~에도 불구하고(고어체)
> impertinent 혱 시기가 부적절한
> grief 몡 큰 슬픔
> yield 통 산출하다, 항복하다
> tribute 몡 조공, 선물
> corrspond to 슉 ~에 응하다
> grim 혱 무시무시한

Today's Lines

랠프 월도 에머슨
개인의 독립성과 자연의 중요성을 주장한 작가, 철학자

자연 속에 있으면, 현실의 슬픔에도 불구하고 거친 기쁨이 그의 내면을 흐른다.
자연은 "그는 나의 창조물이다. 그의 모든 부적절한 슬픔에도 불구하고,
그는 나와 함께 기뻐하게 되리라."라고 말한다.
태양이나 여름뿐 아니라 매시간과 계절은 기쁨의 찬사를 바친다.
왜냐하면 모든 시간과 변화는 숨이 멎을 듯한 정오에서부터 가장 음침한 자정까지,
마음의 각기 다른 상태에 부합하며 그것을 정당화해주기 때문이다.

《자연》 중에서

《자연》은 인간과 자연의 조화를 통해 초월적 깨달음과 자아 성찰을 논한 초월주의 철학의 대표 작품입니다. 헨리 데이비드 소로의 《월든》에 적지 않은 영향을 준 작품이기도 합니다.

In the presence of nature,
a wild delight runs through the man,
in spite of real sorrows.
Nature says,--he is my creature,
and maugre all his impertinent griefs,
he shall be glad with me.
Not the sun or the summer alone,
but every hour
and season yields its tribute of delight,
for every hour and change corresponds
to and authorizes a different state of
the mind, from breathless noon
to grimmest midnight.

> 부록

어렵지 않아요!
영문 필기체 연습 노트

필기체를 쓰는 것은 단순히 멋진 글씨체를 익히는 것을 넘어서, 나만의 개성을 담아내는 하나의 작은 작품을 완성하는 과정입니다. 아래 세 가지 원칙을 익혀 나만의 영문 필기체를 완성해보세요.

1 / 글자는 곧 마음의 상태입니다

좋은 글씨는 편안한 마음에서 시작됩니다. 마음이 조급하면 대충 쓰게 되고, 이런 습관은 시간이 충분할 때조차 글씨를 흐트러뜨립니다. 글씨와 직접적인 연관이 없어 보이지만, 글씨를 쓸 때는 천천히 심호흡하고, 내 마음을 오롯이 담은 하나의 작품을 완성한다는 느낌으로 써보세요. 이렇게 차분하게 필기체 필사를 반복하다 보면, 마음이 저절로 안정되고, 사고가 점점 또렷해지는 신기한 경험과 동시에 나만의 필기체를 얻게 될 것입니다.

2 / 펜을 부드럽고 가볍게 잡아야 좋은 글씨가 나옵니다

파리채를 꽉 쥔다고 해서 파리를 잘 잡는 게 아니듯, 펜을 세게 잡는다고 잘 써지지 않습니다. 오히려 손가락이 금세 피로해져 오래 연습하기가 어렵죠. 이로 인해 점점 필기체 쓰기가 부담스러워질 수도 있고요. 필기체는 한 흐름으로 이어지는 느낌이 중요합니다. 부드럽게 쓰다가 세로획 혹은 원하는 부분에만 살짝 힘을 주어 입체감 있는 글씨를 만들어 보세요. 이처럼 아주 작은 차이로 고급스러운 필기체 모양이 완성됩니다. 꼭 기억하세요! 필기체를 포함 그 어떤 언어의 어떤 글씨도 반드시 힘을 빼고 펜을 부드럽게 쥐어야 좋은 글씨가 나옵니다.

3 / 글자를 감싸는 네모 상자를 상상하세요

멋진 매스게임이나 K-POP의 칼군무처럼, 글자도 열과 행이 맞아야 보기가 좋습니다. 글자가 예쁘지 않아도 열과 행만 고르게 맞으면 깔끔한 인상을 줄 수 있습니다. 각각의 글자가 열과 행이 잘 맞으려면 글자를 쓸 때, 마치 네모 상자 안에 한 자씩 채운다는 느낌으로 쓰세요. 이렇게 하면 글자가 저 혼자 삐져나가지 않고, 크기와 모양도 모두 일정하게 유지됩니다. 이걸 반복하면 본인만의 깔끔하고 정돈된 글씨체가 완성될 겁니다.

이 세 가지 방법을 반복해서 실천하면,
필기체 쓰기는 단순히 글씨를 예쁘게 쓰는 기술을 넘어,
마음을 정돈하고 나만의 개성을 담아내는 예술이 될 겁니다.

알파벳 대문자·소문자 연습노트

𝒜𝒶
A

ℬ𝒷
B

𝒞𝒸
C

𝒟𝒹
D

ℰℯ
E

ℱ𝒻
F

𝒢ℊ
G

ℋ𝒽
H

ℐ𝒾
I

𝒥𝒿
J

𝒦𝓀
K

ℒ𝓁
L

ℳ𝓂
M

𝒩𝓃
N

Oo		*Pp*	
O		P	

Qq		*Rr*	
Q		R	

Ss		*Tt*	
S		T	

Uu		*Vv*	
U		V	

Ww		*Xx*	
W		X	

Yy		*Zz*	
Y		Z	

필기체 문장 연습 노트

Choice, not chance, determines your destiny.
운이 아니라 선택이 당신의 운명을 결정한다.

Choice, not chance, determines your destiny.

Choice, not chance, determines your destiny.

아리스토텔레스 p.50

Whether you think you can, or you think you can't you're right.
할 수 있다고 생각하든, 할 수 없다고 생각하든 당신 생각이 맞다.

Whether you think you can,

Whether you think you can,

or you think you can't you're right.

or you think you can't you're right.

헨리 포드 p.18

You'll find that life is still worthwhile if you just smile.

단지 웃기만 해도 삶이 여전히 가치 있음을 당신은 알게 될 것이다.

You'll find that life is still worthwhile if you just smile.

You'll find that life is still worthwhile if you just smile.

찰리 채플린 p. 96

You are what you do, not what you say you'll do.

앞으로 하겠다는 말이 아니라, 행동이 곧 당신이다.

You are what you do,

You are what you do,

not what you say you'll do.

not what you say you'll do.

칼 융 p.212

Do Something. If it works, do more of it.
If it doesn't, do something else.

뭔가를 해라. 그게 효과가 있으면 그걸 더 많이 해라. 효과가 없으면, 다른 것을 해라.

Do Something. If it works, do more of it.

Do Something. If it works, do more of it.

If it doesn't, do something else.

If it doesn't, do something else.

프랭클린 디 루스벨트 p.206

You can't let your failures define you.
You have to let your failures teach you.

실패가 당신을 낙인찍도록 내버려두어서는 안 된다.
실패가 당신을 가르치도록 해야만 한다

You can't let your failures define you.

You can't let your failures define you.

You have to let your failures teach you.

You have to let your failures teach you.

버락 오바마 p.230

**The chief danger in life is that you may take
too many precautions.**

인생에서 가장 큰 위험은 당신이 지나치게 많이 조심하려 한다는 것이다.

The chief danger in life is that you may take

The chief danger in life is that you may take

too many precautions.

too many precautions.

알프레드 아들러 p.26

**The meaning of life is to find your gift.
The purpose of life is to give it away.**

삶의 의미는 자신의 재능을 찾는 것이다.
삶의 목적은 그 재능을 거리낌 없이 나누는 것이다.

The meaning of life is to find your gift.

The meaning of life is to find your gift.

The purpose of life is to give it away.

The purpose of life is to give it away.

파블로 피카소 p.56

**We could never learn to be brave and patient
if there were only joy in the world.
Optimism is the faith that leads to achievement.
Nothing can be done without hope and confidence.**

이 세상에 기쁨만 있다면, 우리는 결코 용기와 인내를 배울 수 없을 것이다.
긍정적인 믿음이 우리를 성공으로 이끈다.
희망과 자신감 없이는 아무것도 이룰 수 없다.

We could never learn to be brave and patient

We could never learn to be brave and patient

if there were only joy in the world.

if there were only joy in the world.

Optimism is the faith that leads to achievement.

Optimism is the faith that leads to achievement.

Nothing can be done without hope and confidence.

Nothing can be done without hope and confidence.

헬렌 켈러 p.40

Great men are ordinary men
with extraordinary determination.
If you have never failed,
you have never lived.

위대한 사람이란 비범한 결단력을 가진 평범한 사람들이다.
만약 당신이 한 번도 실패해본 적이 없다면,
당신은 제대로 산 적이 없는 것이다.

Great men are ordinary men

with extraordinary determination.

If you have never failed,

you have never lived.

에이브러햄 링컨 p.162

I am not sick. I am broken.
But I am happy as long as I can paint.
I am the subject I know best.
The subject I want to better.

나는 아프지 않다. 나는 부서졌을 뿐이다.
하지만 내가 그림을 그릴 수 있는 한 행복하다.
나는 내가 가장 잘 아는 주제이며 발전시키고 싶은 대상이다.

I am not sick. I am broken.

I am not sick. I am broken.

But I am happy as long as I can paint.

But I am happy as long as I can paint.

I am the subject I know best.

I am the subject I know best.

The subject I want to better.

The subject I want to better.

프리다 칼로 p.82

We don't really learn anything properly
until there is a problem,
until we are in pain, until something fails to
go as we had hoped.

어떤 문제가 생기고, 고통을 겪고,
기대하던 일이 잘 풀리지 않고 나서야,
우리는 정말로 뭐든 제대로 배우게 된다.

We don't really learn anything properly

We don't really learn anything properly

until there is a problem,

until there is a problem,

until we are in pain, until something fails

until we are in pain, until something fails

to go as we had hoped.

to go as we had hoped.

알랭 드 보통 p.164

고단한 오늘을 위로하고, 내일을 성장으로 이끄는
영어 명문장 필사 노트

1판 1쇄 발행   2025년 2월 25일
1판 4쇄 발행   2025년 11월 28일

지은이   이근철
펴낸이   김시종

펴낸곳   링크북스
출판등록   제2023-000087호
전자우편   linkbooks23@gmail.com
홈페이지   www.linkbooks23.com
전화   070-8064-0392
팩스   02-2179-9721

ⓒ이근철, 2025

ISBN 979-11-990952-0-5 13740

- 이 책은 저작권법에 따라 보호받는 저작물이므로 무단 전재와 무단 복제를 금합니다.
- 이 책의 일부 또는 전부를 이용하려면 반드시 저작권자와 링크북스의 서면 동의를 얻어야 합니다.
- 잘못된 책은 구입하신 서점에서 바꾸어 드립니다.

 **저자 발음 영상**

https://www.youtube.com/@mastersentences
QR코드로 들어가 저자가 읽어주는 영어 명문장을 들어보세요.